劇的にスコアがのびる！

ボウリング絶対上達

矢野金太 監修
（プロボウラー）

DHC
ABS

はじめに

1970年代、日本にボウリングブームの波が押し寄せました。主要都市はもとより、観光地にも続々とボウリング場がオープンし、多くの人がプレーを楽しんだことでしょう。華々しい女性ボウラーが登場したのもこの頃で、テレビ番組で紹介されるスタープレーヤーたちの美しいフォームを食い入るように見入った熱烈ファンも多かったのではないでしょうか。時代の流れとともにブームは下火になりましたが、ボウリングは大衆スポーツとして根付きました。

最近、近代的なボウリング場の登場により、再びボウリング熱が湧き起こっている気配が感じられます。ボウリングブームを体験した世代は、団塊の世代が中心。この世代のパワーはすさまじく、ボウリング業界にもその勢いが感じられます。再びプレーを楽しもうと、来場者の数が年々増加傾向にあり、ボウリング場の活気が高まりつつあります。

また、最近の特徴としては、若者層でもボウリングに親しむ人が増えてきていることです。マイボールやマイシューズなど、きちんと用具を揃えてプレーしている20～30代も珍しくなく、若い熱気がさらにボウリングを盛り上げています。この熱気とともに、若手プレーヤーの活躍も目立つようになり、若手女性ボウラーだけのテレビ番組や雑誌の特集も増えてきています。

今まさに、ボウリングブームの再来が足音を立てて近づいてきています。ボウリングの知識をより深めるために、本書が一助となれば幸いです。

COLUMBIA
300

本書について

私はインストラクターとして、年間600回ほどのレッスンを行なっていますが、その層は、まったくの初心者からプロを目指そうとする人までさまざま。なかでも意外と多いのが、「今度、ボウリング大会があるから手っ取り早く上達したい」という人です。2、3回ほどレッスンを受ければ100～150点ぐらいのスコアを出せるようになります。そこで、そのノウハウを第1章にまとめてみました。

ボウリングはスコアが出はじめると、どんどんおもしろくなっていきます。第2章では、もう少し本格的にプレーしてみようと思った人が、マイボールを持ってフックボールを覚える際に必要な情報を盛り込んであります。

さらにボウリングに熱中し、プロを目指す人もいるでしょう。第3章以降では、中・上級者向けのかなりマニアックな情報まで取り上げてあります。もし難しく感じる部分があれば、最初は読み飛ばしてもらって構いません。しかし、ある程度のレベルになったら読み返し、知識を深めてさらにボウリングを楽しんでください。

本書は、このようにボウリングのレベルがアップしていく姿をイメージしつつ、実際の現場で必要と感じたこと、トーナメントプレーヤーとして経験してきたことを紹介してあります。現場に即したハウツー本として利用してもらい、さらにボウリングを楽しんでいただけたなら幸いです。

矢野金太（プロボウラー）

CONTENTS

※本書では右投げを基本に解説しています。

第1章

初心者のための基本

ボウリングにはルールやマナーがあります。
また、投球にはスタートから
フィニッシュまで一連の流れがあります。
まずは基本を覚えて
徐々にステップアップしていきましょう。

これだけは知っておきたい

守りたいルールとマナー

ボウリングはレジャー感覚で楽しめるスポーツですが、スポーツである以上、守るべきルールとマナーがあります。みんなで楽しくプレーするためにも、きちんと守りましょう。

ファールラインを越えない

ボウリングはボールを投げて倒したピンの得点を競い合う単純なゲームですが、投球の際にファールラインを越えると得点にはなりません。つま先でちょっと踏んだだけでも、アウト。ファールの際は、ブザーが鳴って知らせてくれます。

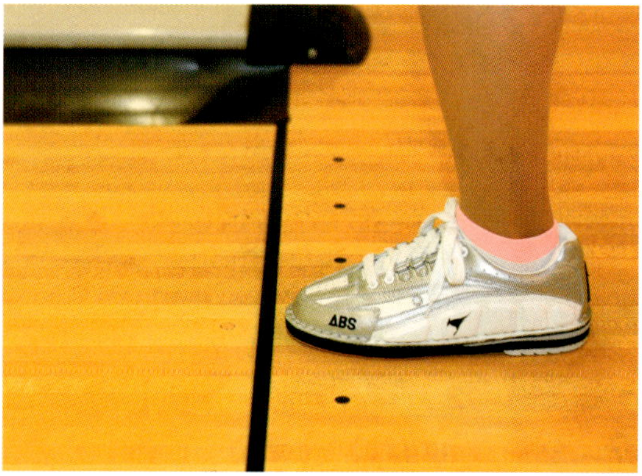

ファールラインの近くで投球するのが理想。踏んで投球してしまうと無得点になります

専用のシューズを履く

プレーする際は、必ずボウリングシューズを履きましょう。ボウリングシューズ以外でレーンやアプローチに上がるのは絶対に禁物。ボウラーズ・ベンチに入る前から履き替えておくのがエチケットです。また、シューズを履くときは、衛生面を考えてソックスの着用を忘れずに。

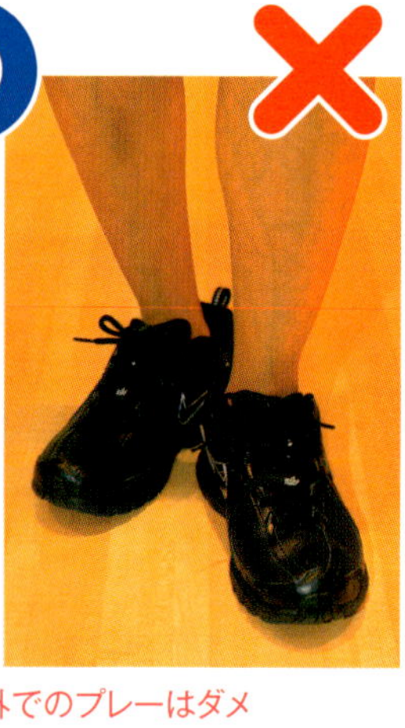

素足やボウリングシューズ以外でのプレーはダメ

同時に投げない

　ボウリングをプレーするとき、守らなければいけないマナーがあります。周りでプレーしている人に気を配るのもそのひとつ。隣のレーンの人が投球しようとしていたら、同時に投げず、お互いに譲り合い、タイミングをずらして投げましょう。投球順を譲るときは、アプローチに上がらずに、ボウラーズ・ベンチで待つのがマナーです。

同時に投球しないのは、安全のためでもあります

ロフトボールを投げない

　ロフトボールとは、ボールを放り投げるような投球のこと。レーンを傷めるため、こういった荒々しい投球はしないようにしましょう。また、大きな音をたてるため、周りでプレーしている人の気が散るので、絶対に気をつけたい行為でもあります。

リリースポイントが遅いと、ロフトボールになりやすい

水をこぼさない

　レーンやアプローチに水をこぼすと、思わぬ事故につながりかねません。スライドするシューズの裏に水分がつくと、滑らずに引っかかって転倒する可能性があります。ボウリング場内では水分をこぼさないように気をつけましょう。手を洗った後や、傘についた水滴などにも配慮が必要です。

床に水分がこぼれていたらボウリング場のスタッフに知らせましょう

騒がない

仲間で盛り上がって楽しむことも大切ですが、あまり騒々しくならないよう周囲への気配りも必要です。近くのレーンの人が投球しようとしているときは、静かにする優しさを忘れないようにしましょう。

会話を楽しむのは問題ありませんが、
投球する人の妨げにならないように!

他人のボールは使わない

ボールラックは隣のレーンと共有するため、間違えてほかの人のボールを使わないようにしましょう。ハウスボールは似ているので間違えやすいですが、ちょっとしたマークなどを目印にすれば意外と覚えられます。また、ひとりで何個もボールを置くのもやめましょう。

隣のレーンの人が投球しようとしたら
ボールがない、なんてことがないようにしましょう

使った用具はすべて戻す

プレーが終わったら、ボウリング場で借りたハウスボールやボウリングシューズは、きちんと戻しておきましょう。ボールは重さによって置き場所が分かれており、シューズは専用の返却場所が用意されています。

ボールやシューズは使ったら自分で
片付けるのがボウリング場のマナー

ハウスボールの選び方

ボウリング場にあるハウスボールを使うときは、ストレスなく投球できるボールを選ぶのがいちばん。チェックポイントをおさえて、自分に合ったボールを選びましょう。

重さを選ぶ

ハウスボールの場合、女性なら10〜12ポンド、男性なら12〜14ポンド程度を目安に選びましょう。軽すぎたり重すぎたりしたら、ウエイトを変えて調節していけば、自分に合った重さが見つけられます。

腕力・握力などの個人差はあるものの、最初はこのぐらいのウエイトを目安にボールを選びましょう

指穴をチェックする

サム（親指）はゆるめ、フィンガー（中指と薬指）は、ほどよいフィット感できつ過ぎないサイズを選びましょう。サムが窮屈だと投球時に指が抜けにくく、フィンガーがゆるすぎるとスムーズなスイングができなくなります。

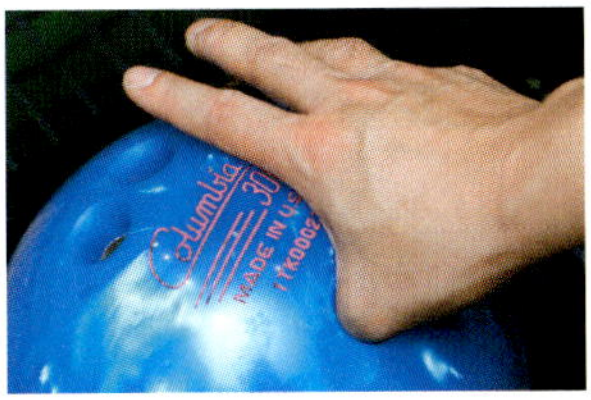

サム穴は親指が内壁に軽く触れる程度がベスト

スパンはほどよく

スパンとは、サムとフィンガーの間の長さのことです。フィンガーの穴に中指と薬指を第2関節まで入れ、親指は根元までスッポリとサム穴に入れます。サムとフィンガーの両方に指を入れたとき、手の平とボールがぴったりつくか、ほんの少し余裕があるくらいがベストです。

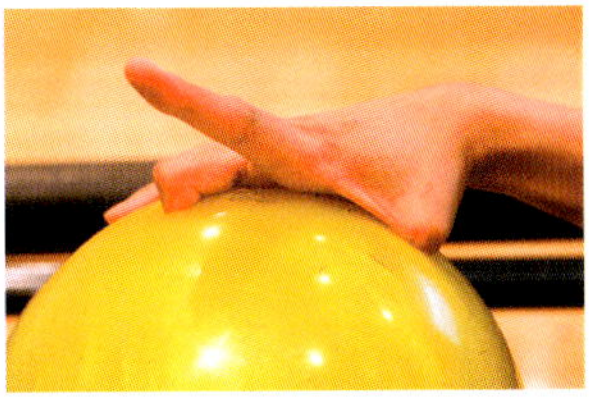

サムとフィンガーに指を入れ、握りやすければ大丈夫

スタンディング ポジションを決める

スタンディング・ポジションとは、投球をはじめるいちばん最初の立ち位置のこと。この位置を基点に助走をはじめるため、投球と歩数が合う距離を把握しておくことがポイントです。

ファールラインから4歩半が基本

スタンディング・ポジションは、投球のスタート地点になります。ちょうどファールラインの手前で投球できるよう助走の距離を考えて、投げやすい場所をあらかじめ知っておく必要があります。

ちょうどいい距離は、ファールラインの手前に立ち、ボウラーズ・ベンチのほうに向かって4歩半歩いたあたり。ここでクルリと背を向けた位置がスタンディング・ポジションになります。普段歩くときよりも、少しだけ歩幅を大きめにとるのがポイントです。

まずは、この方法で立ち位置を決めてから投げ、歩数が合わなければ少しずつ調節していくのがいいでしょう。

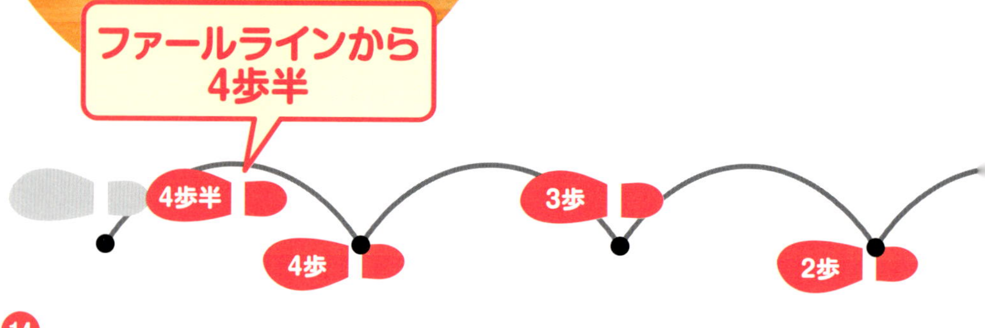

投げたいラインを
肩の位置に合わせる

左右の位置の決め方

左右の立ち位置は、ボールを投げるラインによって変わります。ポイントは、投げたいラインに肩の位置を合わせること。例えば、1番ピンに向かってまっすぐ投げたいのなら、センターのラインに肩の位置を合わせます。センターの位置は、スタンディング・ドットで確認することができます。

POINT

立ち位置はドットで確認

スタンディング・ポジション付近には、スタンディング・ドットと呼ばれる丸い印があります。センターポジションなどが判断しやすく、立ち位置を確認するときに便利です。

大きめのドットがセンターポジション

ファールライン
1歩

フォームを身につける

まずはアプローチを練習

アプローチとは投球までの助走のことで、その助走エリアのことも示します。助走が合わないとうまく投球できません。流れるような投球の一連の動作は、アプローチがスムーズにできるかどうかにかかっています。

スムーズな体重移動がカギ

スタンディング・ポジションを決めたら、アプローチだけの練習をしてみましょう。ボウリングは4歩助走が基本なので、最初は4歩で練習します。まず、スタンディング・ポジションに立ち、右投げならば右足から、左投げなら左足からスタート。

最初の3歩はカカトから入り、つま先へ重心移動させながら次の足を出していきます。4歩目はつま先から入り、足をスライドさせながら前に出し、前の足に体重が移動したら、後ろの足を横に流すようにクロスさせます。歩くリズムをとるために、1歩ごと、「普通に」「歩いて」「最後に」「スライド」と口ずさんでみましょう。

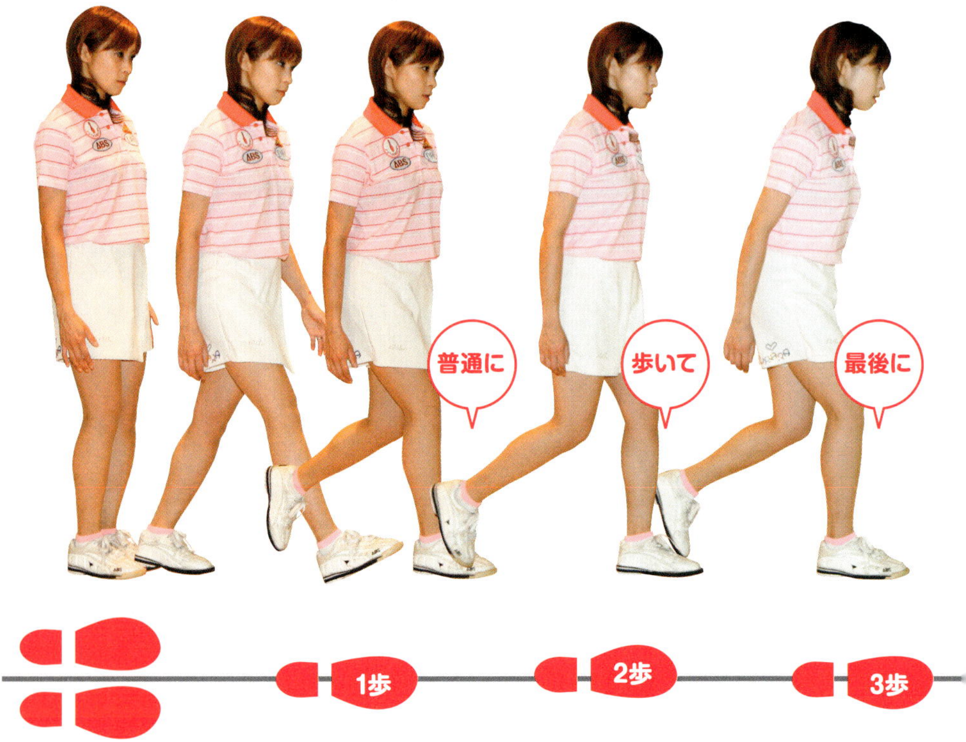

POINT 5歩助走でもOK!

アプローチは4歩が基本ですが、1歩目のタイミングをとるために、反対側の足を軽く踏み出す人もいます。この場合は5歩助走になり、右投げなら2歩目が右足になります。

5歩助走でも、別に間違いではなく、本人が投げやすければOK。ただしその分、助走距離を調節する必要が出てきます。やや長めに距離をとるなどして、ちょうどよいスタンディング・ポジションを見つけましょう。

1本のライン上をまっすぐ歩くイメージで

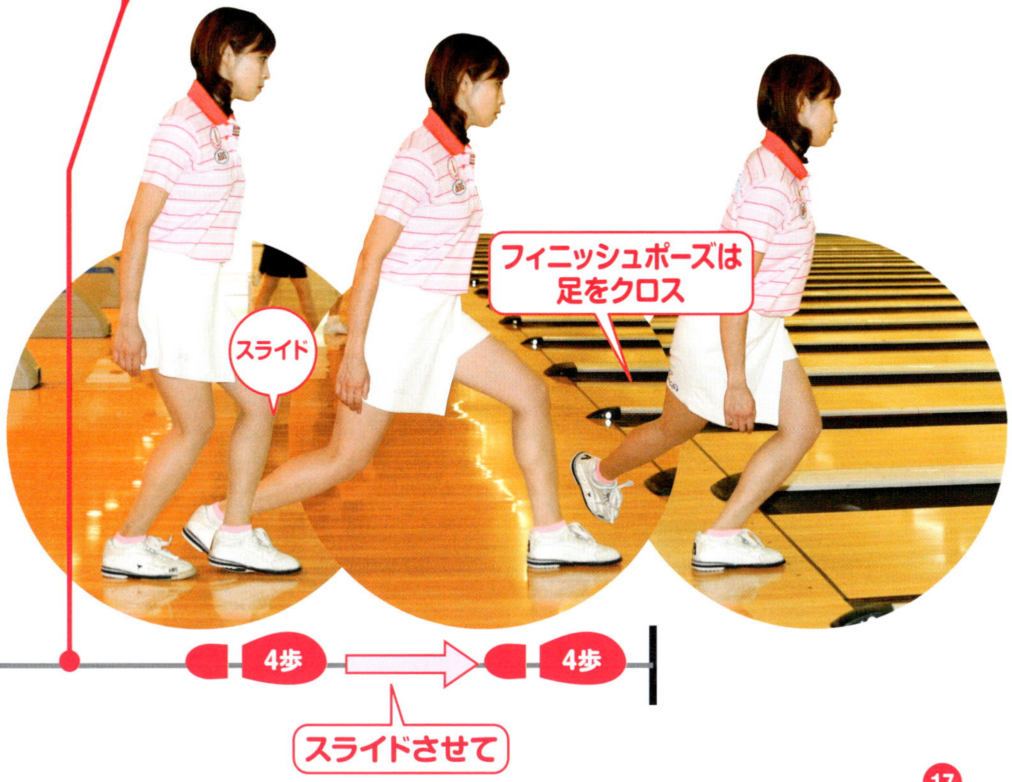

フォームを身につける

基本はアドレスから

アドレスはボールの構え方のことで、すべての動きの基本姿勢。アドレスが悪いと、その後の動きもスムーズにいかないので、正しい姿勢を覚えておきましょう。

正しいアドレスの構え

顔は正面に向ける
アドレスのときから、顔はレーンの方向へまっすぐ向けておく

肩の力を抜く
肩に力が入ると腕がスムーズに動かないので、リラックスすることを心がけましょう

ラインを意識する
右足と頭の位置は、1本のライン上に並ぶようにします。ボールもなるべくこのラインに近づけましょう

両手で持つ
ボールは両手で持つか、左手のほうに比重を大きくして支えます。ボールを体に近づけて構えると力まずに持てます

ヒザは力まずリラックス
1歩目に踏み出す足はやや後ろに引き、ヒザは軽く曲げ、動き出す準備をしておく

アドレスはすべての基本

アドレスは、投球をはじめるためのいちばん最初のポーズです。このときの姿勢が悪いと、スイングも投球もバランスを崩してしまうため、正しいポーズを覚えておくことが重要。難しく考えず、ラクな姿勢をとればごく自然なアドレスのポーズになります。

ポイントとしては、肩の力を抜いてリラックスすること。ボールを体から離して持つと、重さを支えようとして全身に余計な力が入ってしまいます。ボールは両手で支え、体の近くで構えるようにしましょう。また、アプローチを気にしすぎると下を向いてしまうので、顔はまっすぐ正面に向け、常にレーンを見るように心がけましょう。

Check!

アドレスの作り方

次の動きに移行しやすい姿勢が、アドレスのポーズです。つまり、素振りをして戻ってきた状態が動きやすいポーズということになります。まずは、ボールを前後にブラブラさせてから、アドレスのポーズをとってみてください。それがごく自然なアドレスのポーズです

フォームを身につける

スイングを練習する

スイングは、ボールの勢いや方向を決める重要な動きです。スムーズなスイングができるよう、一連の流れを知っておきましょう。まずは、その場で素振りをすることからはじめると、スイングの感覚がわかります。

最初はその場で素振りから

スイングは一連の動きですが、実はいくつかの要素で構成されています。その要素のひとつひとつを覚えていきましょう。

まず、いちばん最初の動きが、ヒジをのばしてボールを体から離す「プッシュアウェイ」。その重みでボールが落ちてくるのが「ダウンスイング」、落下の勢いでボールが体の後方に上がっていくのが「バックスイング」です。バックスイングのトップから、ボールが前方へ戻ってくる動きを「フォワードスイング」といい、そのまま投球へと移行していきます。

スイングの動きはボールの重みを利用した振り子のような動きで、腕は肩を支点に半円を描きます。スイングは、プッシュアウェイのときわずかに力を使いますが、それ以外は力を使わないのがポイントです。その場で何度か素振りをして、またアドレスポーズに戻る練習を繰り返せば、一連の流れが覚えられます。

自分で引き上げない

バックスイングを自分の力で引き上げようとすると、肩が上がりキレイなスイングができなくなってしまいます

フォームを身につける

アプローチとスイングを一緒に行なう

アプローチとスイングについてそれぞれ説明しましたが、実際に投球するときはこのふたつの動きを同時に行ないます。頭ではなく、体で覚えることが大切です。

スイングにアプローチを合わせる

ここまでは、アプローチとスイングを別々に練習してきましたが、今度はそれを一緒に行なってみましょう。ポイントは、素振りで行なったスイングの動きを、そのままアプローチに同調させることです。

理想的なスイングは、ボールが振り子運動するだけで、力をまったく使いません。だから、スイングはいつも一定の動きをします。この動きを、そのままアプローチと同調させることで、フォームそのものがいつも同じ動きになるというわけです。

ポイントはふたつあり、プッシュアウェイと最初の1歩目の始動を同時に行なうことと、スライドが止まってから投げること。1歩ごとの動きを意識すると、ロボットのようなぎこちないフォームになってしまうので、プッシュアウェイと1歩目を同時に始動させたら、一気に流れにまかせましょう。「イチ、ニー、サン、シー、シュッ!」と口ずさむとスムーズにいきます。

フォームを身につける

キレイなフィニッシュをマスターする

投球のバランスが崩れてしまうと、フィニッシュポーズが決まりません。アドレスからフォロースルー、そしてフィニッシュまでが投球のすべての流れです。

鏡の前でポーズの練習をしてみる

フィニッシュポーズが決まっていれば、投球時のバランスがいい証拠。リリースポイントが安定し、コントロールもよくなります。まずは、ボールを持たずに鏡の前でフィニッシュポーズの練習をしてみましょう。

正しいフィニッシュポーズをとるには、まず左足を前にスライドさせ、ゆっくりと前の足に体重を移します。体重移動ができたら後ろの足をクロスし、左手を床と平行になるように上げます。その状態のまま、右手をぶらぶらさせてまっすぐ振り上げます。

普段から、投げ終わった後にこのポーズができるよう心がければ、自然と美しいフォームが身につきます。

フィニッシュのポーズ

右腕はまっすぐ振り上げる
視線と顔はまっすぐ正面に向ける
左腕は肩と平行にする
後ろの足はクロスさせる
つま先とヒザは正面に向ける

Check!

**ヒジは左右に
ブレないように**

フィニッシュで腕が左右にブレていたり、敬礼のようなポーズになっていたら、スイングが横投げ気味だったということ

Check!

**前の足への
体重移動がカギ**

スムーズな体重移動とともにリリースすると、ボールが加速して勢いもつきます。フィニッシュでは前の足に体重がかかり、後ろの足は横へ流します

Check!

**左腕で
バランスをとる**

ボウリングのボールは重いため、投球時にバランスを崩してしまうことがあります。左手をうまく使って、バランスをとりましょう

基本の狙い方

1番ピンを狙ってみる

投球フォームができたら、今度はボールのコントロールを安定させていきます。まずは、1番ピンをストレートボールで狙うことからはじめてみましょう。

狙うのはスパット

アドレスからフィニッシュまで、顔は正面を向けたままですが、最初のうちはどうしてもピンを目標物にしてしまうと思います。しかし、慣れてきたら、スパットを見て投球するように意識を変えていきましょう。ピンはスパットと同じライン上にあるので、スパットを目印にすればピンの位置がわかります。また、ピンはいちばん遠くにある目標物なので、これに狙いを定めるのはなかなか困難。近くにあるスパットを狙ったほうが、コントロールが定めやすくなるのです。

スパットでピンの位置がわかる

スパットとは、ファールラインの先にある三角のマークのこと。7つ配置され、右投げの場合は右から1番スパット、2番スパットと数えていきます。また、1番が右から板目5枚目、2番が10枚目と、板目5枚ごとにスパットは配置されています。1レーンに板目は39枚あります

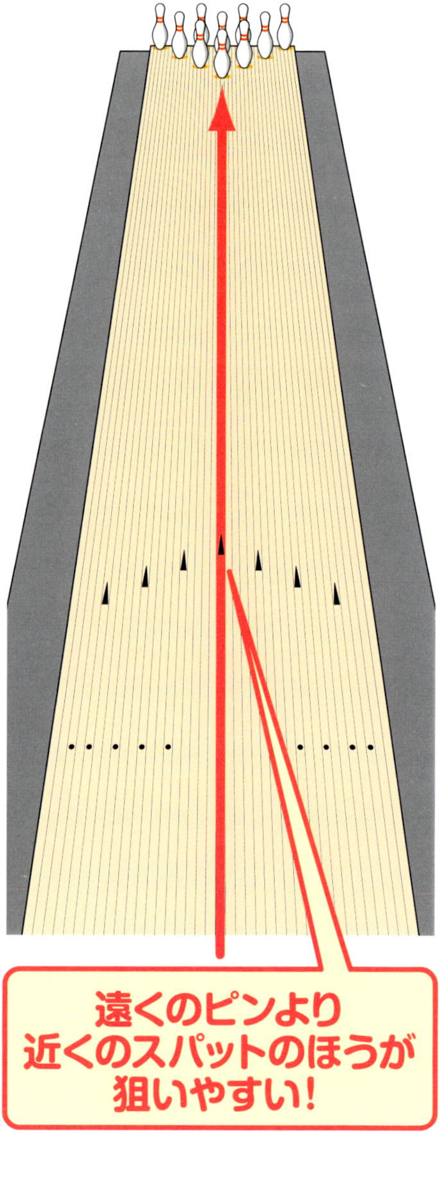
遠くのピンより
近くのスパットのほうが
狙いやすい!

1投目の立ち位置を覚えておく

1球目を投げた後、残ったピンに合わせて投球を変えていきます。このとき変更するのは投げ方ではなく、立っていた位置です。ですから、1球目をどこから投げたのか覚えておかないといけません。

立ち位置は、スタンディング・ポジションにあるドットで確認します。目印のドットから、板目が何枚隣か数えて覚えておきましょう。

また、ドットの位置もピンと同じライン上に配置されています。

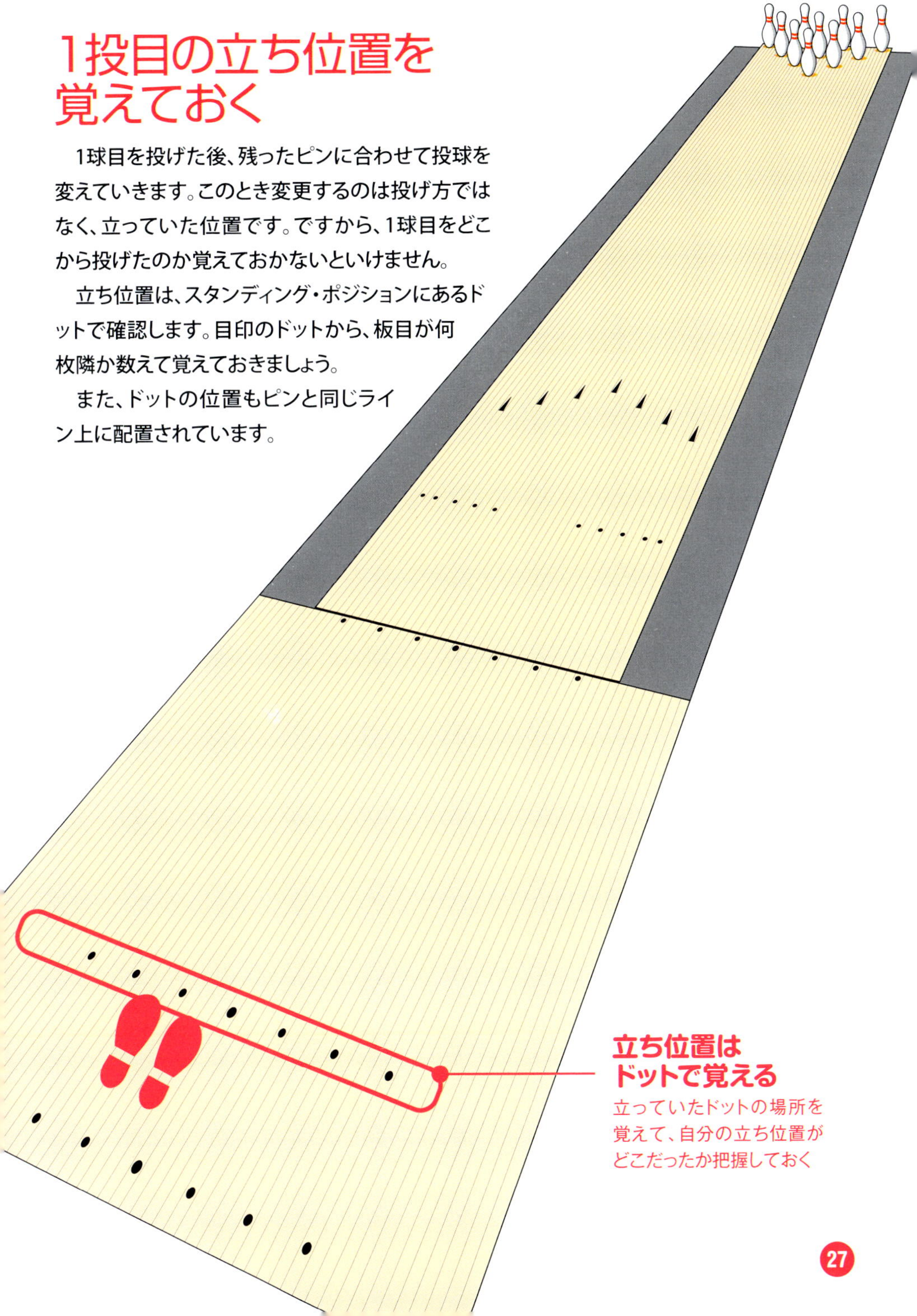

立ち位置はドットで覚える

立っていたドットの場所を覚えて、自分の立ち位置がどこだったか把握しておく

基本の狙い方

スペアを狙う

ボールコントロールが安定してきたら、次はスペアを狙うテクニックが必要です。まずはピンの番号と配置を覚え、立ち位置を調整することで狙うピンを変えていく方法を学びましょう。

ピンの番号を覚えよう

ピンの狙い方を学ぶ前に、まずはピンの番号を覚えておきましょう。いちばん手前のセンターにあるのが1番ピンで、トータル10本のピンが並んでいます。

スパットの位置と比べると、1番スパットが10番ピン、2番スパットが6番ピン、3番スパットが3番ピン、4番スパットが1番ピンと同じライン上に並んでいます。

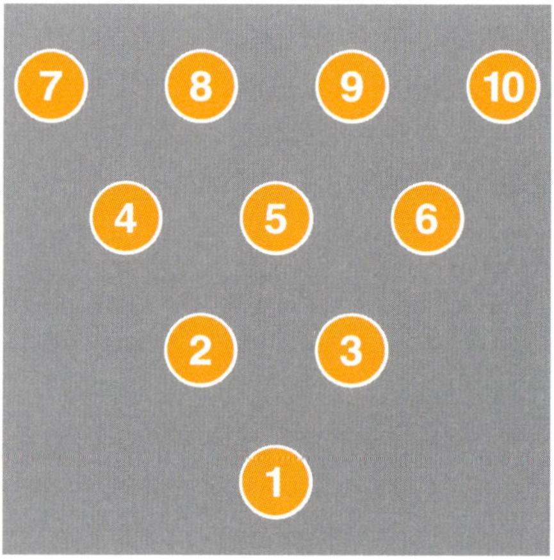

キーピンとは

キーピンは、いちばん手前にあるピンのことを指し、スペアを狙うときにもっとも重要なピンになります。ピンはさまざまなパターンで残ることがありますが、通常、スペアを取るときはキーピンを狙って投げます。

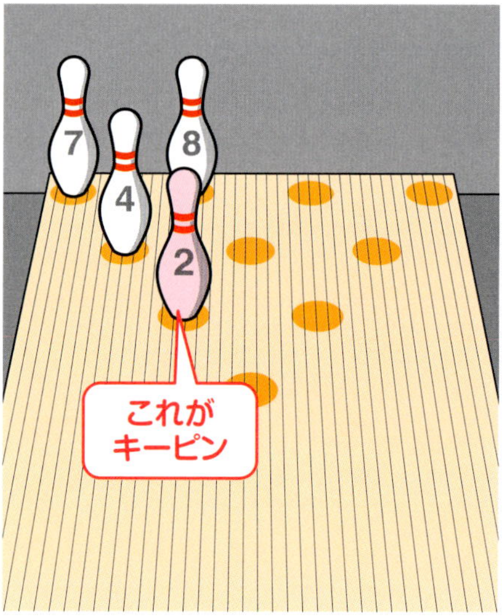

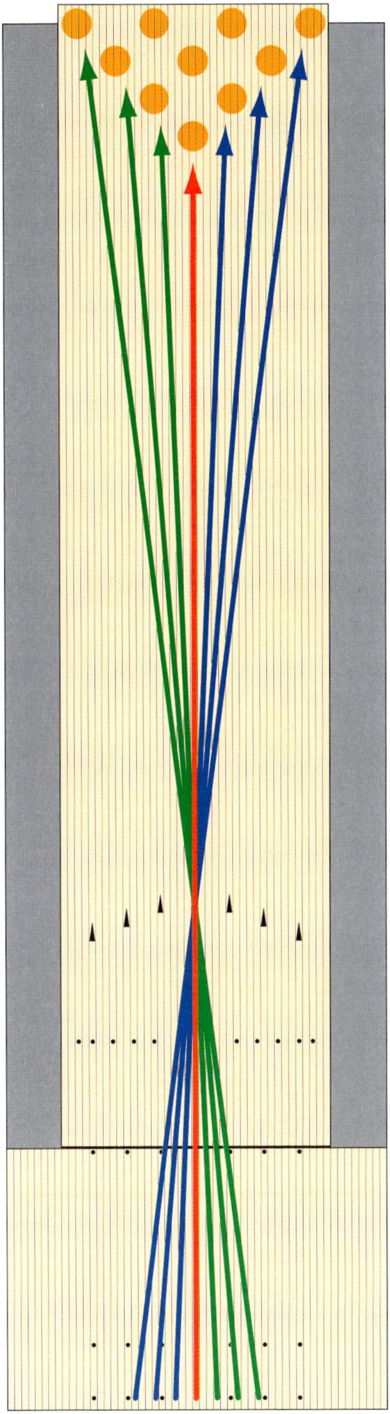

立ち位置を変えて同じスパットを狙う

スペアを狙うときのもっともベーシックな方法は、立ち位置を変え、1投目と同じスパットを狙うこと。立ち位置を変えるときは板目を参考にしますが、基本的に、3枚、6枚、9枚の板目で移動します。

右側のピンを狙うときは、立ち位置を左に、左側のピンを狙うときは右にずらします。例えば、ストレートボールで正面から1番ピンを狙った後、次に右側の3番ピンを狙うなら3枚左、6番ピンなら6枚左、10番ピンなら9枚左へ立ち位置を変えていきます。左の図を参考にしてイメージしましょう。

なぜレーンをクロスして投げるかというと、10番ピンなど端のピンを狙う場合、ピンの正面から投げるとガター（レーンの両脇にある溝にボールが落ちること）の可能性が高くなるからです。レーンをクロスするボールなら、その危険性が低くなります。

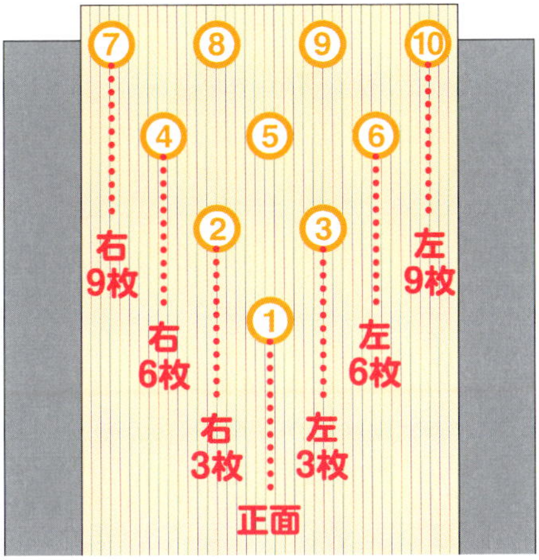

狙うピンによって移動する立ち位置の板目の枚数

Column 矢野プロのスキルアップ講座①

まずは楽しんで!

他のスポーツも同じでしょうが、ボウリングは特に「メンタルが大事」といわれています。うまい選手・強い選手になりたいと思うなら、メンタル面の強化が必要でしょう。そのためには、とにかくボウリングを楽しむことが大切。プレー中、調子が悪くなると、イライラしたりムキになる人がいますが、怒りや焦りは、動きがぎこちなくなる原因になります。

調子が悪いときは、「では、どうしたらうまくいく?」など、考えることを楽しみましょう。イメージ通りのプレーができたら、素直によろこぶなど、いつでもポジティブな考え方も大切です。ミスを恐れるなど、マイナス思考でプレーすると、いいイメージができなくなってしまいます。

また、プレー中は、集中力を維持することも重要です。集中力を途切れさせないポイントは、ボウリングが「好き・楽しい・おもしろい」と感じることがいちばん。楽しいと思うと、いいイメージを思い描くことができ、体の動きもスムーズになって、スコアものびていくというものです。

長年、ボウリングを続けている人も、ボウリングの楽しさを覚えたときの興奮をいつまでも忘れないようにしましょう。"楽しむ習慣"はあなたを上達させる、魔法のキーワードなのです。

レベルに関係なく、気の合う仲間とボウリングを楽しみましょう

第2章

脱初級者を目指す

上達へのカギは
フックボールをマスターすること。
マイボールを持てば、
誰でも簡単に投げられるようになるので、
道具を揃えて一気にレベルアップしましょう。

用具を持つ

マイシューズを揃えよう

自分の用具を揃えるとスキルが驚くほどアップします。特にシューズはアプローチに格段の違いが出ます。技術上達のためには、用具を揃えることが必須なのです。

アプローチが段違い

ボウリングが楽しくなって、もっと早く上達したいと思ったら、自分の用具を揃えましょう。特にマイシューズは、アプローチが驚くほどスムーズになり、スコアアップにつながります。

ボウリング場のレンタルシューズは右投げでも左投げでも対応できるよう左右同じ靴底ですが、マイシューズは靴裏の左右がそれぞれ違っています。スライドさせるほうが滑りやすいようフェルトなどが使われ、逆側は蹴りやすいようゴム底です。また、ハイスペックタイプになると、コンディションによってパーツをつけ替えるなど微調節が可能です。

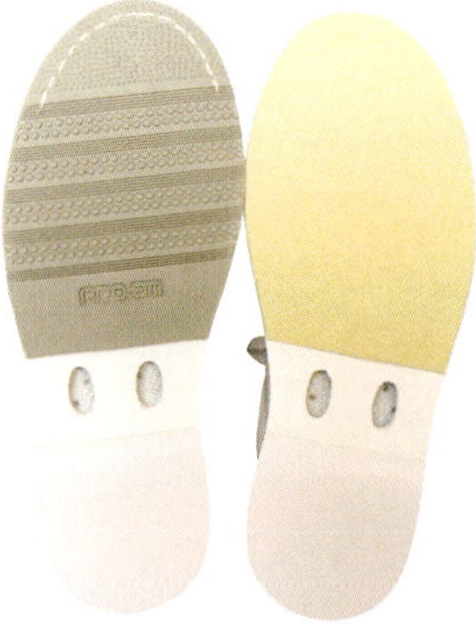

ノーマルタイプ

左右の靴裏が、スライド用と蹴り足用に分かれているボウリングシューズ。ノーマルタイプなら価格もリーズナブル

ハイスペックタイプ

スライドさせる足裏のパーツをつけ替えることができ、さらに部分的なパットもつけ替え可能。シチュエーションに合わせて、微調節できる

マイボールでさらにレベルアップ

マイボールはスコアアップの必需品ともいえる大切な用具。自分に合うように調節され、世界にひとつだけのボールが、マイボールの素晴らしいところなのです。

すべてが自分ぴったりに

マイボールのいいところは、まず指穴やスパンが自分の指にぴったり合っている点。穴のサイズや空ける場所はもちろん、角度や深さも自分好みに調節することができます。

フィンガーグリップ、セミフィンガーグリップという握り方でマイボールを作ると、よりフックボールが投げやすくなります。

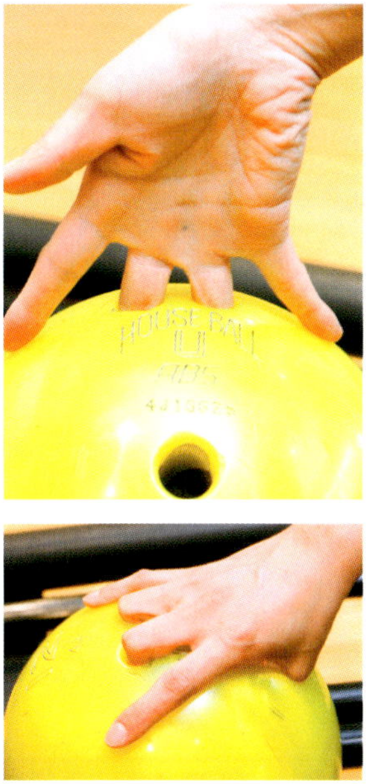

コンベンショナルグリップ

フィンガーに中指と薬指を第2関節まで入れるタイプで、ハウスボールに多い。しっかりグリップすることができます

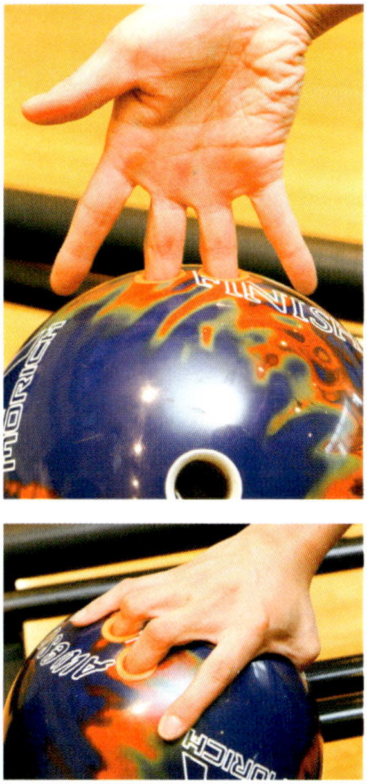

セミフィンガーグリップ

第1関節と第2関節の間ぐらいまで指穴を入れるグリップ。コンベンショナルとフィンガーグリップの中間にあたります

フィンガーグリップ

指が第1関節までしか入らないタイプで、上級者やプロが好むグリップ。スパンも長く、ボールに回転力を与えやすくなります

用具を持つ

リスタイでリリースを安定

シューズ、ボールのほかに、うまく活用したい用具がリスタイです。リスタイはリリースを安定させたり、ボールの回転数を上げたりするのに役立ちますが、初心者が手早くフックボールをマスターするのにも効果的です。

フックボールに効果絶大

基本的に、投球は手首をまっすぐにしたまま行ないます。フィンガーの位置がボールの下にあるほうが、ボールをリリースするときにボールに回転がかけやすくなるからです。リスタイを装着すると手首が曲がりにくくなり、フックボールが投げやすくなります。

手首だけを固定するものから、人差し指までしっかりカバーするものなど、タイプはさまざま。軽くて動かしやすいソフトタイプから、金属パーツを使ったハードタイプまで、素材もいろいろあるので、好みのものを選びましょう。

手首が曲がると
回転がかかりにくい

リスタイの種類

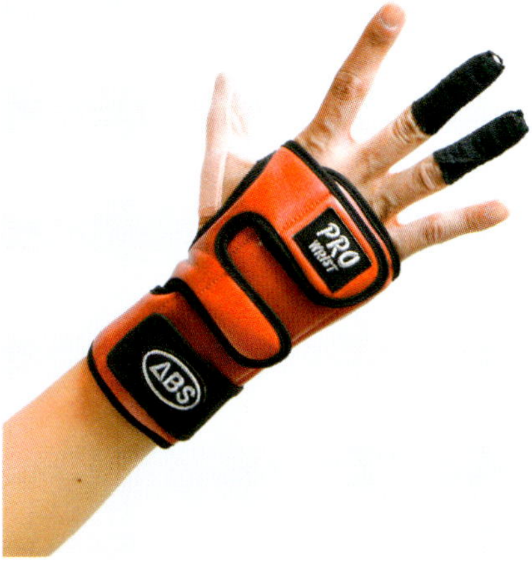

手首タイプ

手首だけをガードするリスタイで、比較的自由がきく、いちばんベーシックなタイプ。カラーも素材もさまざまあり、種類が選べます。写真は、姫路麗プロのオリジナルモデル

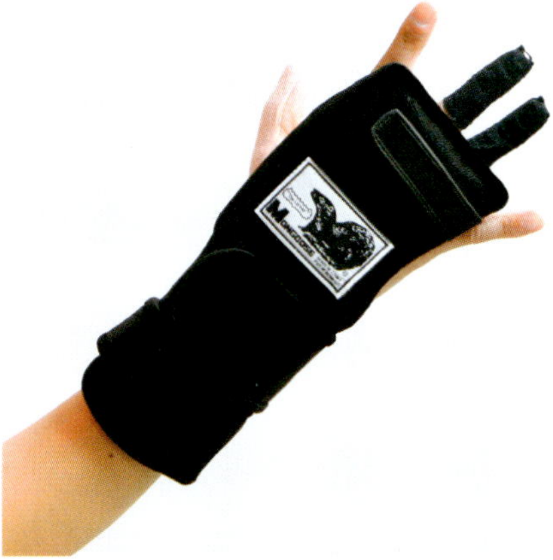

広めタイプ

手首と手の甲、指のつけ根までカバーするタイプ。手首から甲までを幅広く固定したい人におすすめ

人差し指まで保護

手首と人差し指までカバーするタイプ。アクシスローテーションが足りず、フックボールがうまく投げられない人におすすめ

ハードタイプ

可動するステンレス素材でがっちり固定するパワーモデル。スピードボールを投げる人におすすめのタイプ

リリースを学ぶ

いろいろな球質を理解する

球質には、フックボール、ストレートボール、バックアップボールなどがあります。特にフックボールは必ずマスターしたい投球方法なので、マイボールを持ったらぜひチャレンジしてみましょう。

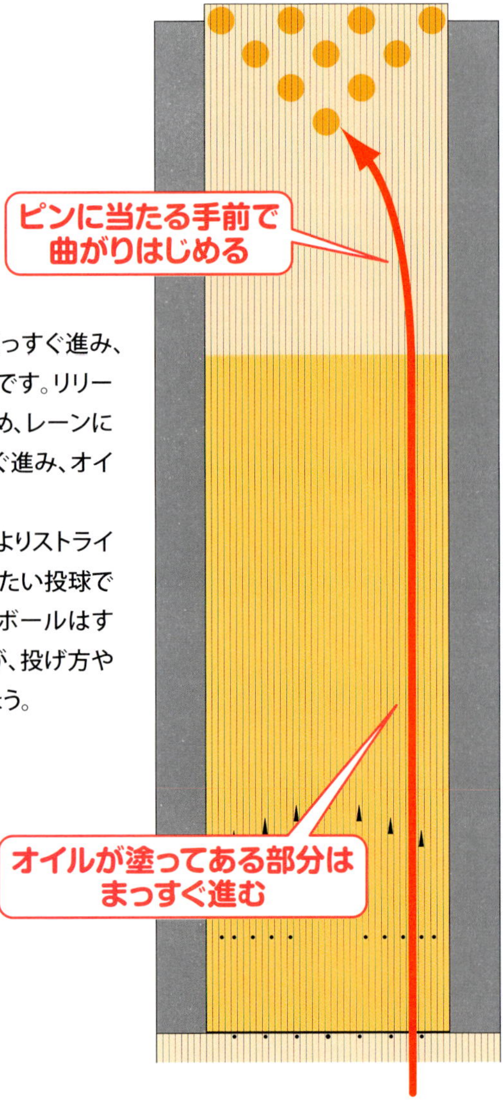
ピンに当たる手前で
曲がりはじめる
オイルが塗ってある部分は
まっすぐ進む

基本はフックボール

フックボールは、リリースの後はまっすぐ進み、ピンの少し手前でカーブする投げ方です。リリースでボールに回転を与えて投げるため、レーンにオイルが塗ってある部分ではまっすぐ進み、オイルがなくなると曲がりはじめます。

フックボールは、ストレートボールよりストライクが取りやすいので、ぜひマスターしたい投球です。ストレートボールやバックアップボールはすぐには投げられなくても構いませんが、投げ方や球質などの特徴は理解しておきましょう。

フックボールの投げ方

フックボールは、「リリース時に親指を10時の方向に向けて投げる」という説明が多いかと思われます。しかし、このイメージは親指のつけ根の、関節の形の違いなどから、すべての人に当てはまらないようです。中指・薬指の向きを意識したほうが、わかりやすいでしょう。リリースのとき、フィンガーが真上から見て10時の方向を指差していればOKです。

POINT

中指と薬指の位置を意識する

真上から見たとき、フィンガー（中指と薬指）が10時の方向を指差すイメージで投げましょう。投げる方向は真正面。ピンの手前で回転方向にボールが曲がりはじめます。

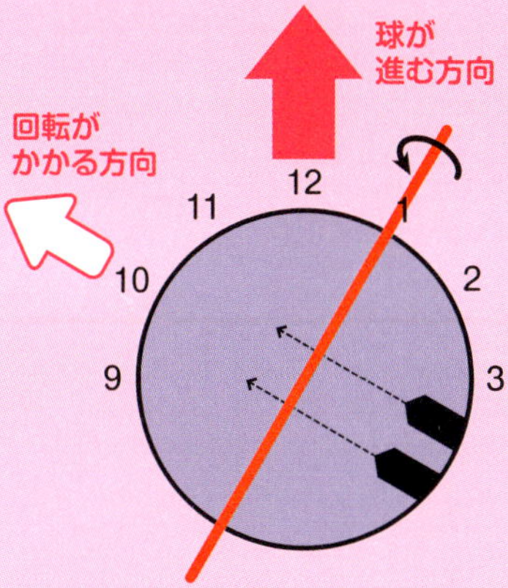

ストレートボールの投げ方

ストレートボールは、回転方向と進行方向を一致させて投げます。フックボールを覚えた後は、投げる機会は少なくなりますが、ストレートボールのほうが取りやすいピンもあります。ストレートボールのメリットは、レーンコンディションに左右されないことでしょう。

POINT

まっすぐが意外と難しい

投げた方向と回転方向が同じ単純なボールですが、どちらかが少しでもずれていると、途中で曲がってしまいます。キレイなストレートボールを投げるのは、意外と難しいものです。

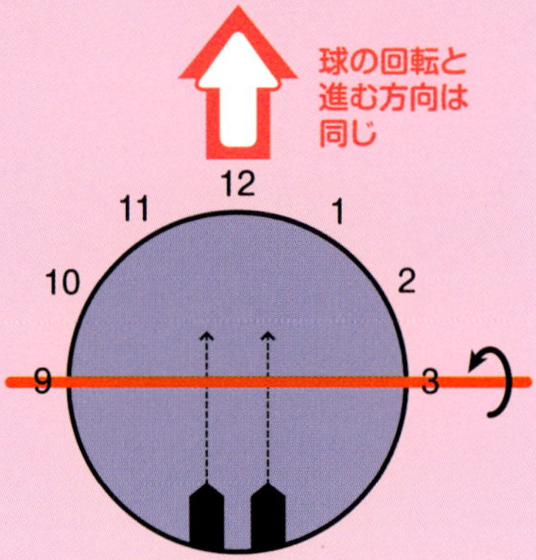
球の回転と進む方向は同じ
12
11
1
10
2
9
3

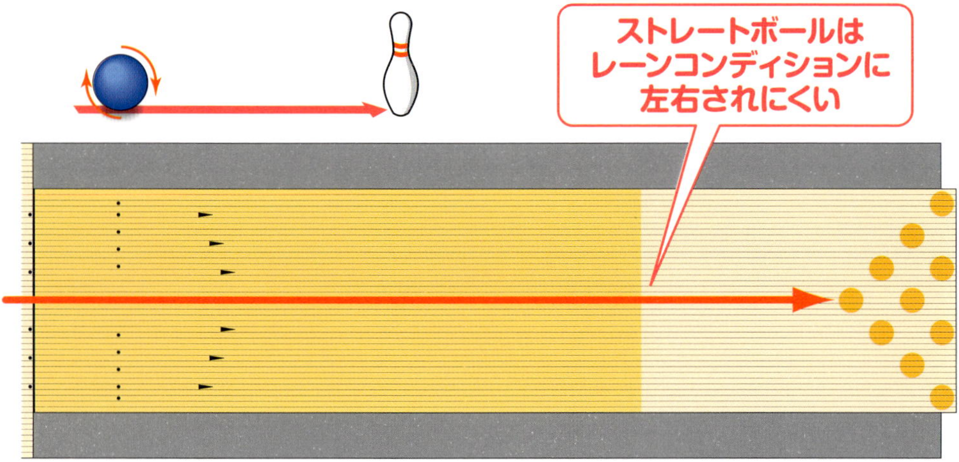
ストレートボールはレーンコンディションに左右されにくい

バックアップボールの投げ方

バックアップボールは、フックボールと反対に曲がる投げ方です。単純にフックボールと反対方向に回転をかけるのですが、手首に負担がかかる投げ方でもあります。無理に練習する必要はありませんが、特徴だけは覚えておきましょう。もともとこの軌道になる人は、指の位置がバックアップボールぎみになっている可能性があります。

POINT

フックボールと反対

オイルが塗ってある部分はまっすぐ、オイルがなくなると回転方向に進みます。フックボールで取りにくい、特種な残り方をしたピンを狙うときに有効です。

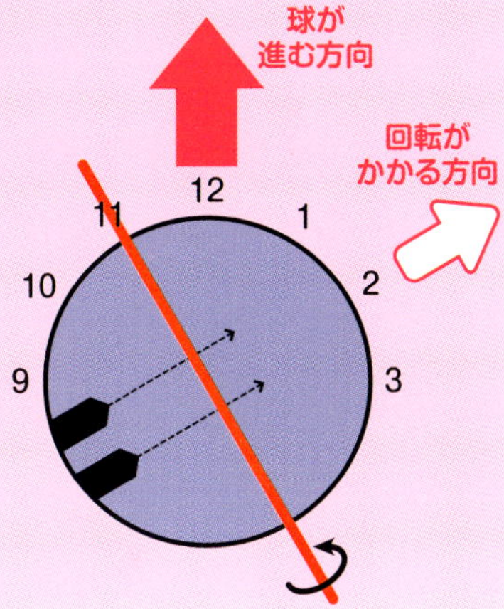

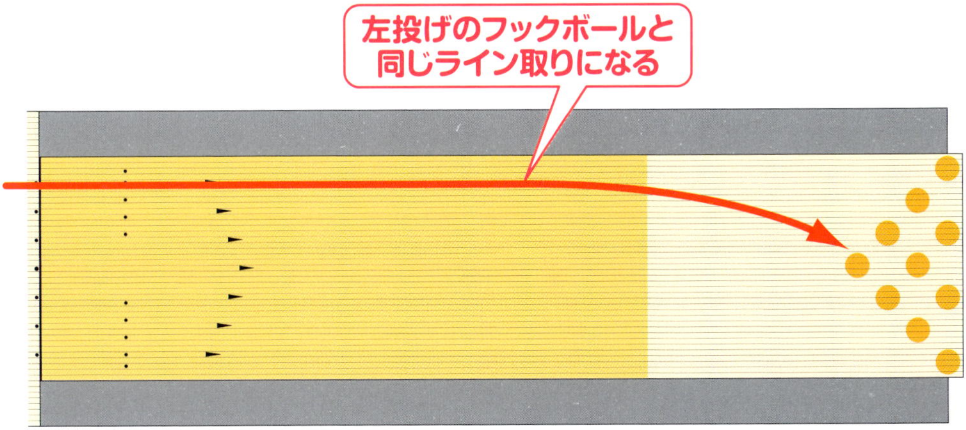

フックボールのメカニズム

レーンコンディションとフックボールの関係

フックボールなどの曲がる球質は、レーンコンディションによって軌道が変わります。フックボールのメカニズムを覚える前に、まずは、レーンコンディションについて知っておきましょう。

レーンにはオイルが塗ってある

レーンにはファールラインから3分の2くらいまでオイルが塗ってあります。回転がかかっていても、オイルの塗ってあるゾーンでは、ボールは投げた方向にまっすぐ進んでいきます。途中で、ボールは徐々に回転方向に曲がりはじめ、オイルが塗られていないゾーンに入ると、回転がかかった方向に進みます。

ボールの動きによって、それぞれのゾーンを、スキッドゾーン、フックゾーン、ロールゾーンと呼んでいます。

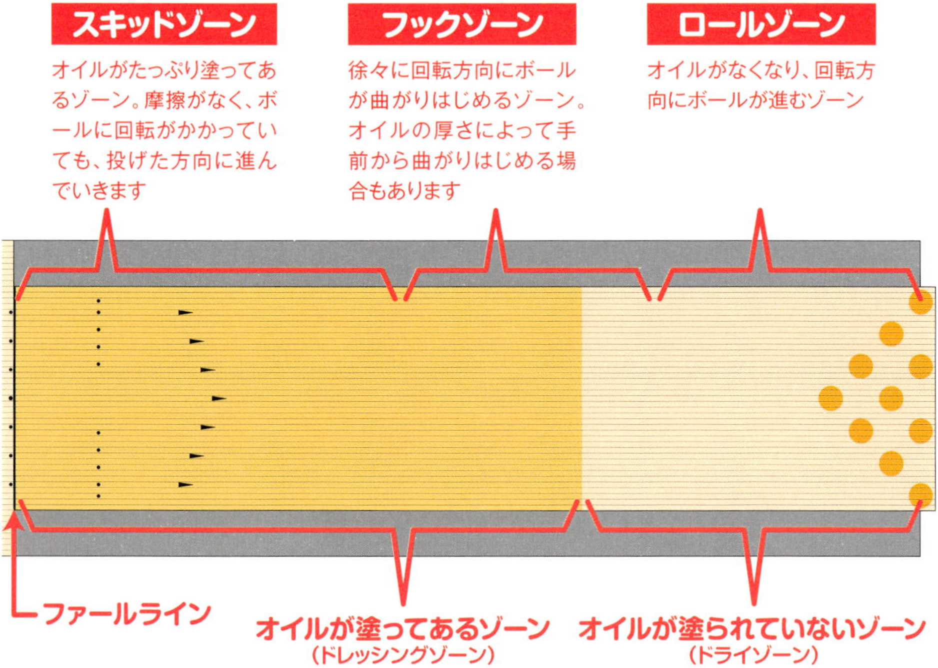
スキッドゾーン
オイルがたっぷり塗ってあるゾーン。摩擦がなく、ボールに回転がかかっていても、投げた方向に進んでいきます
フックゾーン
徐々に回転方向にボールが曲がりはじめるゾーン。オイルの厚さによって手前から曲がりはじめる場合もあります
ロールゾーン
オイルがなくなり、回転方向にボールが進むゾーン
ファールライン
オイルが塗ってあるゾーン
(ドレッシングゾーン)
オイルが塗られていないゾーン
(ドライゾーン)

アクシスローテーションを理解する

ボールには回転軸があり、この角度でボールの曲がる方向が決定づけられます。回転軸の角度をアクシスローテーションといい、フックボールのいちばんの要。フックボールをマスターするためにも、仕組みを理解しておきましょう。

アクシスローテーションとは

ボールには回転軸があり、必ずしも進行方向と一致しているわけではありません。ストレートボールの場合、進む方向と回転方向が一致しているため、回転軸は進行方向に対して垂直なラインになります。しかし、フックボールは、進行方向と異なる方向に回転をかけるため、回転軸は右図のようになります。この回転軸の角度を、アクシスローテーションといいます。

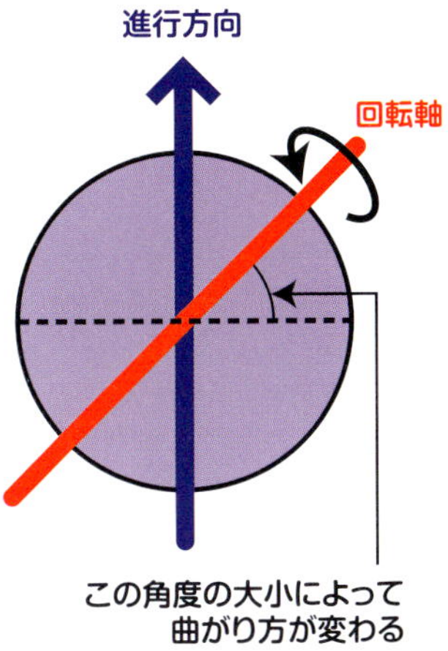
進行方向
回転軸
この角度の大小によって
曲がり方が変わる

アクシスローテーションと摩擦

通常、ボールは回転がかかっている方向に進みますが、オイルが塗ってあるゾーンでは、回転方向に関係なくまっすぐ滑っていきます。レーンとボールの間に摩擦が生じると、ボールが曲がりはじめます

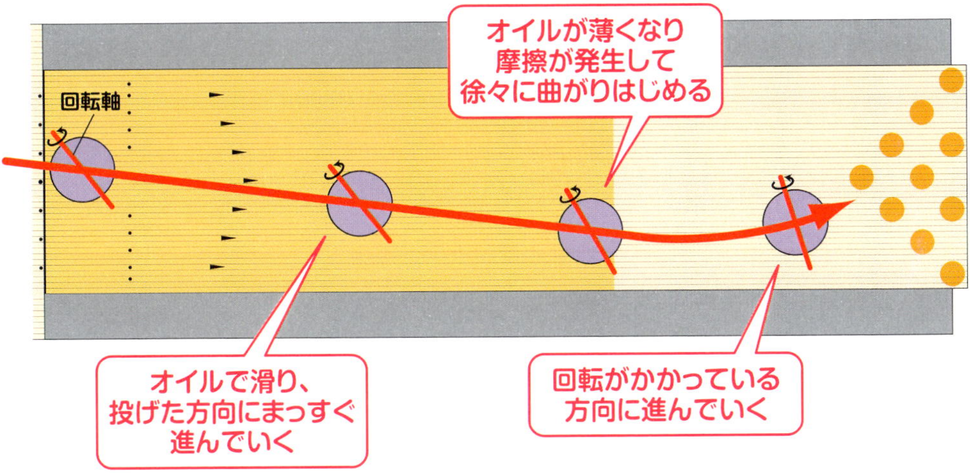
オイルが薄くなり
摩擦が発生して
徐々に曲がりはじめる
回転軸
オイルで滑り、
投げた方向にまっすぐ
進んでいく
回転がかかっている
方向に進んでいく

アクシスローテーションとボールの曲がり方

オイルの塗ってあるゾーンは摩擦が少ないため、ボールは投げた方向にまっすぐ滑っていきます。

しかし、ロールゾーンに入るとボールとレーンの間に摩擦が生じ、回転方向に進みます。アクシスローテーションの角度を変えることで、ボールの曲がり方を調節することができるようになります。

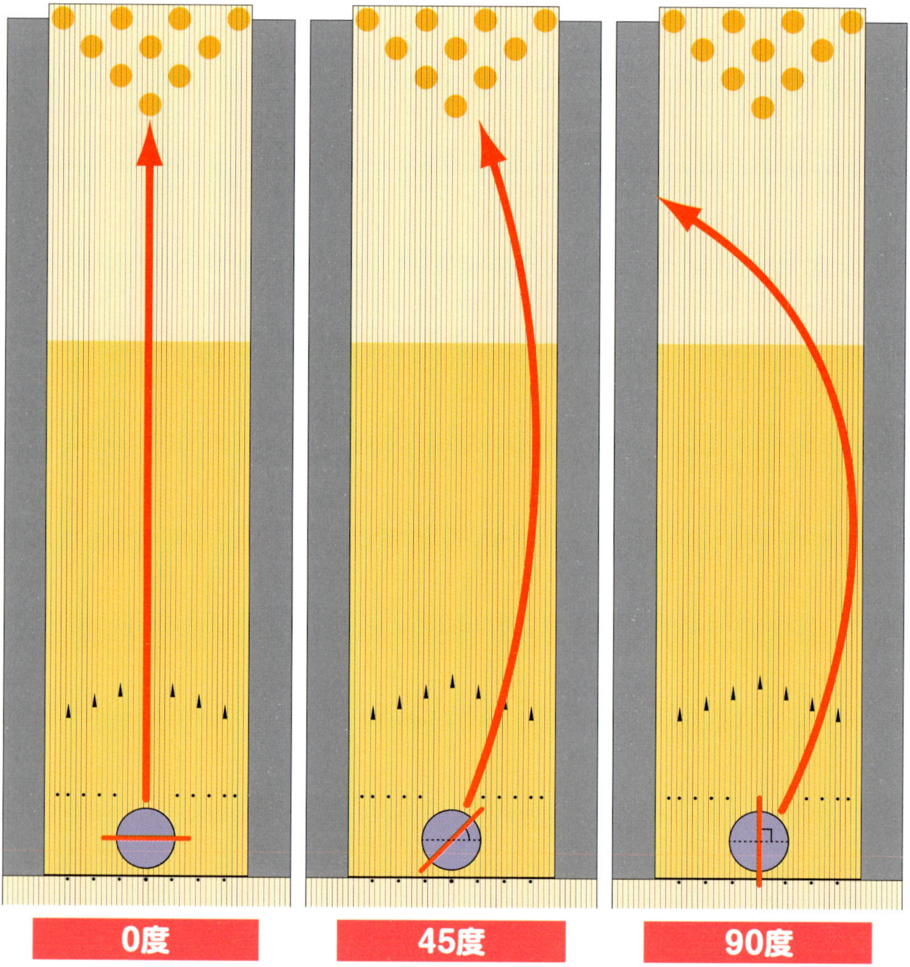

アクシスローテーションが0度のとき、ボールはまっすぐ進んでいきます

45度のときは曲がり方がほどよく、ボールがコントロールしやすくなります

90度だと大きく曲がるものの、コントロールが難しくなります

リリース時のフィンガーホールの向き

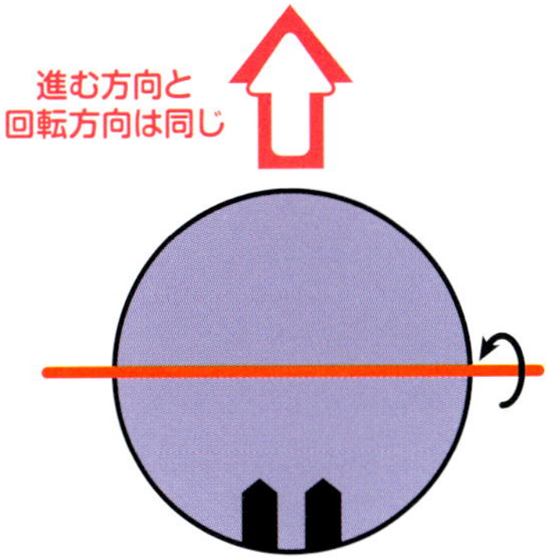

0度

進行方向とアクシスローテーションの角度が同じなのがストレートボールです。フィンガーを12時方向に向けたまま、まっすぐ投げます。

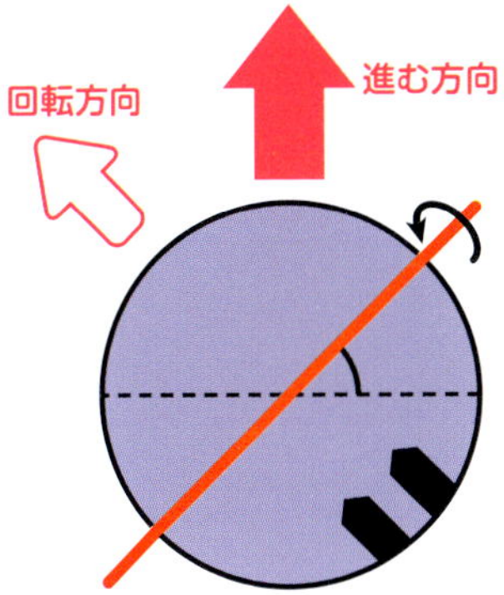

45度

リリースのとき、フィンガーをやや内側に向ける投げ方が、45度の角度に回転をかけるイメージです。ただし、投げる方向はまっすぐです。

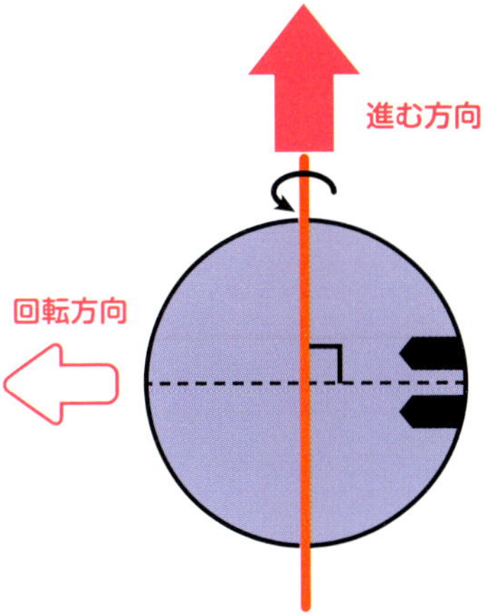

90度

フィンガーを横に向けると、回転軸が進行方向と垂直になります。アクシスローテーションが90度の場合、回転方向は真横を向いており、ボールが鋭く曲がります。

フックボールのメカニズム

アクシスチルトを理解する

回転をかける方向でボールの曲がり方が決まることはわかったと思います。では今度は、回転軸の傾きを変えることで、ボールの動きが変わることを覚えましょう。回転軸の傾きで自分のローリングタイプを知ることもできます。

回転軸には傾きがある

41ページでボールには回転軸があり、その回転軸を真上から見たときの角度がアクシスローテーションと説明しました。今度は、回転軸を水平方向から見てみましょう。回転軸が床と水平にあることはまれで、大抵、やや傾いています。この傾きをアクシスチルトといい、傾き加減によってローリングタイプが分かれます。

また、アクシスチルトはリリースアクションによって変わります。

POINT

ボールの動きを決める要素

アクシスチルト（回転軸の傾き）を変えると、スキッドの長さやボールの曲がり方など、球質に違いが出ます。はじめのうちは、ローリングタイプがセミロールになるようにしておくのがいいでしょう。

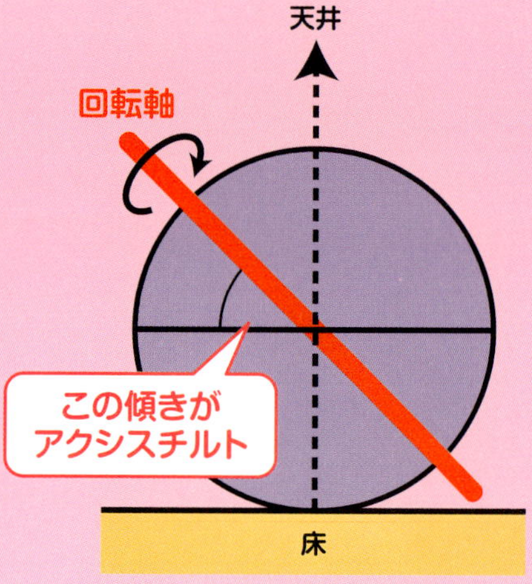

ローリングタイプを知る

アクシスチルト(回転軸の傾き)によって、ボールにつくオイルの跡が変わります。オイルの跡をローリングトラックといい、ついた円の大きさによってローリングタイプが分かれ、球質の違いを読み取ることができます。

オイルのつき方で球質がわかる

回転軸の傾きが違うと、ボールがレーンに触れる部分が変わるため、異なったオイルの跡が現れます。このオイルのつき方を見れば、アクシスチルトの傾き具合を知ることができます。

オイルのつき方のことをローリングトラックと呼び、そのタイプはスピナー、フルロール、セミロールの3種類。タイプによって、軸の傾きや球質などに特徴があります。

スピナー

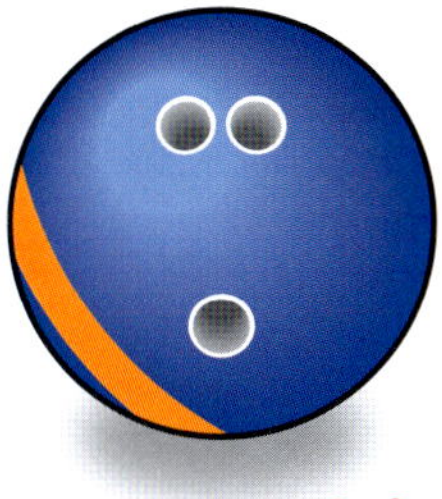

オイルのつき方

スピナーは、ローリングトラックがフィンガーホールから離れたところにつきます。スキッドゾーンが長くなり、オイリーなコンディションで曲がりにくく、遅いコンディションで大きく曲がります

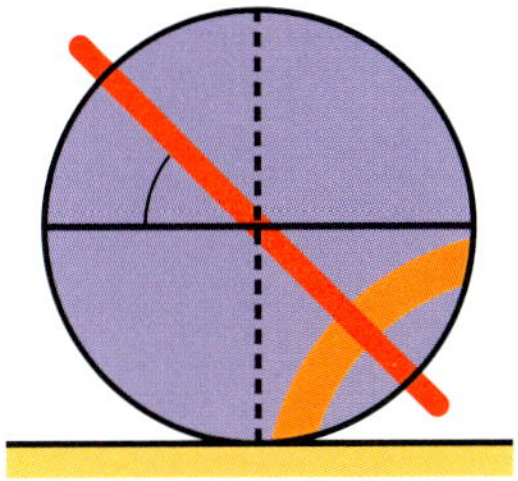

アクシスチルトの角度

スピナーは、アクシスチルトの傾きが大きいと現れるローリングタイプです。ローリングトラックがもっとも小さくなります

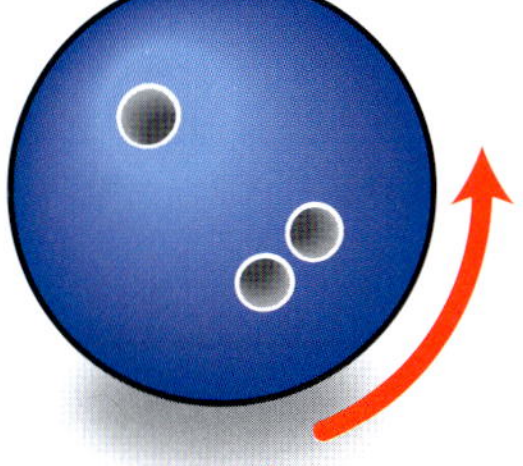

リリースアクション

リリースのとき、手首を外側に捻りすぎるとスピナーになります。手首の捻りを抑えることで、アクシスチルトの傾きを小さくすることができます

フルロール

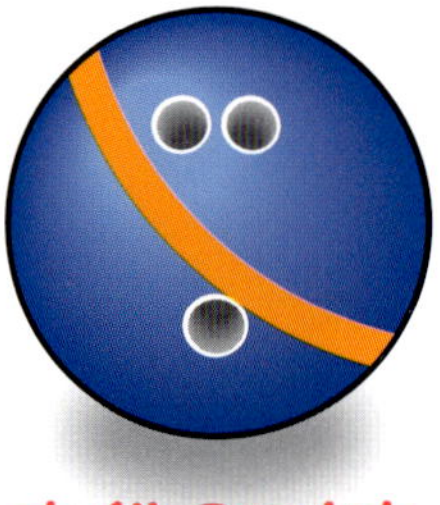

オイルのつき方

フィンガーを上にして見た場合、オイルの跡が斜めに横断するようについているのがフルロールです。ボールの最大円周をフルに使って転がるため、ローリングトラックが大きくなります

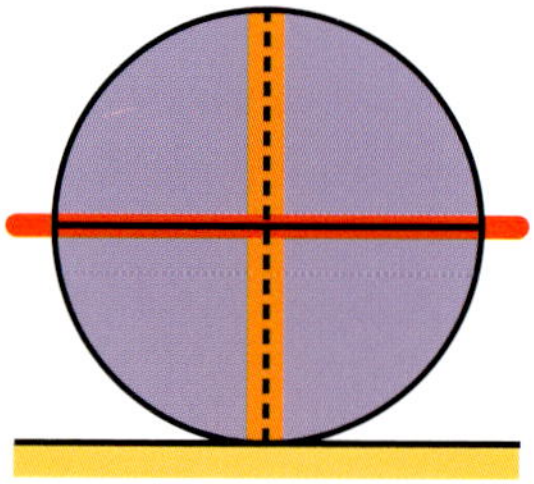

アクシスチルトの角度

フルロールは、アクシスチルトの傾きがほとんどない場合に現れます。ロールアウト(ボールの勢いがなくなる)しやすく、ボールがくいこむように曲がらなくなります

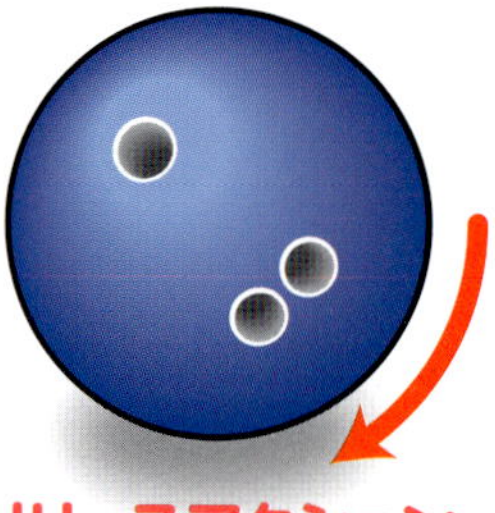

リリースアクション

リリースのとき、手首を内側に捻るとフルロールになります。意識せずに投げてフルロールが出るのなら、この方向に手首を捻る癖がついている可能性があります

セミロール

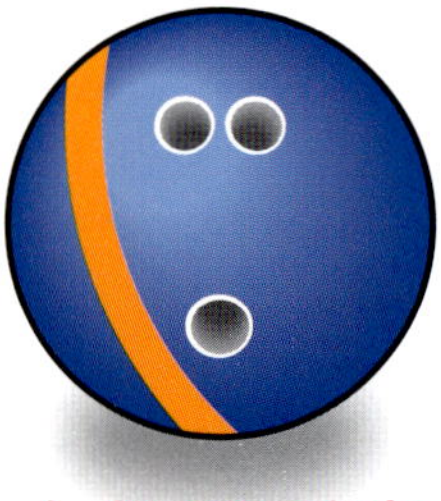

オイルのつき方

スピナーとフルロールの間にあたるのがセミロールです。アクシスチルトがほどよく傾いた、もっとも基本的なローリングタイプで、一般的にはフィンガーとサムの外側にオイルのラインがつきます

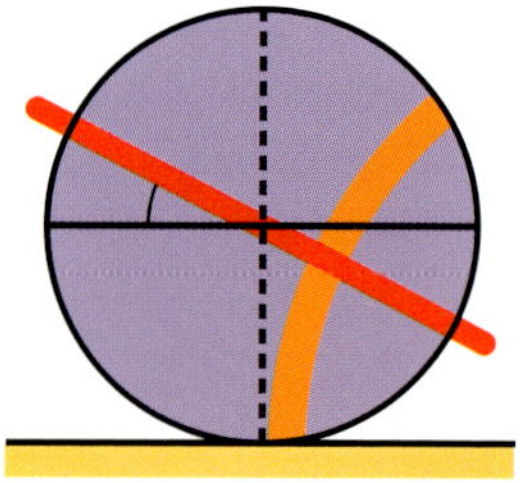

アクシスチルトの角度

セミロールは、アクシスチルトが倒れすぎず、立ちすぎてもいない状態です。セミロールだと軌道が安定しやすく、強い球質になります

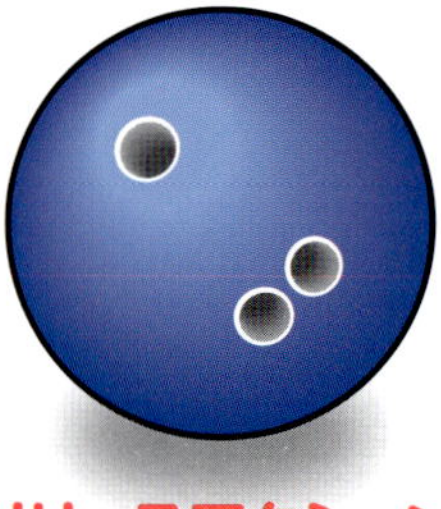

リリースアクション

手首を内側にも外側にも捻らずに投げます。自分では捻っていないつもりでも、無意識に捻ってしまうことがあるので、ローリングトラックを見て判断したほうが正確でしょう

フレアーでボールの動きを読む

回転軸はボールが進むにつれて、変化していきます。この変化によってオイルの跡が何本もつきます。このオイルの跡の広がりをフレアーといいます。

フレアーとは

回転軸は一定ではなく、ボールがレーンを進むにつれて、徐々に移動していきます。回転軸の移動とともに、ボールの接地面も変わり、オイルのラインがいくつもつくことになります。このラインの幅のことをフレアーと呼びます。

オイルのラインが多いと、ボールが常に新しい面でレーンをとらえ、オイルの影響を受けにくくなります。また、フレアー（オイルのラインの幅）が大きいほど、ボールの曲がる可能性が高くなります。

なお、フレアーの出具合は、ボールそのものの特徴を指しています。フレアーの幅が大きいと、フレアーポテンシャルが高いボール、つまりよく曲がるボールになります。逆にフレアーが小さいボールは、フレアーポテンシャルが低い、曲がりにくいボールということです。

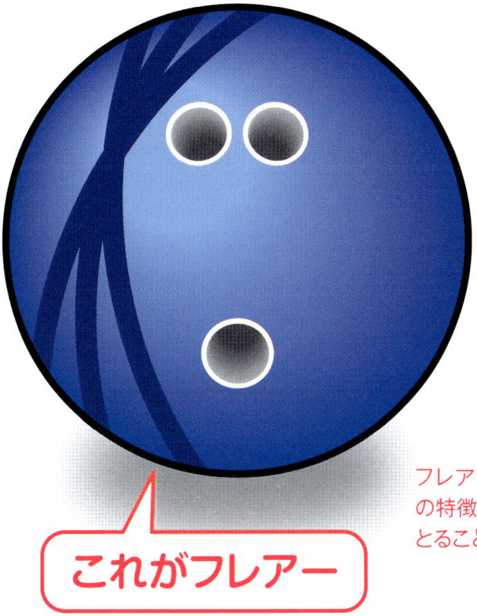

フレアーの現れ方でボールの特徴や、自分の球質を読みとることができます

球質を学ぶ

ボールに回転を与える

回転数が増えるとボールを大きく曲げることができ、ピンを倒す破壊力もアップします。スコアアップのカギは、ボールの回転力にもかかっているのです。

指の抜き方がポイント

ボールはピンに当たると、反動で少しはじかれます。ボールの勢いが弱いと反動に負け、軌道がそれてしまうことがあります。ピンに負けないためには、ボールの破壊力を上げることが必須なのです。

リリースで親指を先に抜き、中指と薬指でボールを長く前へ運ぼうとすると、強い回転を与えることができます。回転数が上がるとボールが大きく曲がり、破壊力も高まります。親指が抜け、中指と薬指が抜けるまでの間に時間差があるかどうかが、ボールのパワーを左右するポイントなのです。

リリースのポイント

リリース時のポイントは、まずサム（親指）の抜けがスムーズなこと。次に、残ったフィンガー（中指と薬指）でボールを長くキープしようとすると、高い回転力が生まれます

フィンガーの位置はボールの下に

リリースは、手首をまっすぐにしたまま行なうのが基本です。しかし、フィンガーの位置をボールのより下側にすることで、回転数を増やすことができます。それは、低い位置からボールをリフトするため、回転がかけやすくなるからです。手首をまっすぐにした状態、ブロークンリスト、カップリストで投げる方法がありますが、それぞれに長所・短所があります。

ノーマルな状態

基本の投げ方は、ボールをリリースするとき、手首がまっすぐな状態になっています。このままリリースしても十分な回転を与えられます

ブロークンリスト

手首が後ろ側に曲がっていると、スイングしやすくサムは抜けやすくなるものの、フィンガーの位置が高いためボールに回転を与えにくくなります

カップリスト

手首を内側に曲げた状態からリリースすると、手首を返す反動も加わって、ボールの回転力がアップします。ただし、スイングに力が入り、スピードが落ちるデメリットもあります

見る目を養おう

普段、みなさんはスキルアップのためにどんなことをしていますか？　投球数を増やしたり、投げ方を考えたり、いろんな試行錯誤を重ねていることと思います。もちろん、どの練習方法も間違いではないでしょうが、上達するためにはいくつかのポイントがあります。

そのひとつは、うまい選手のプレーをよく見ることです。プロボウラーのプレーを生で見る機会はそうそうないと思いますが、テレビなどで見る機会があれば、ぜひ目を皿のようにしてチェックしてください。上達の近道はまず目を養い、レベルの高いプレーのイメージをインプットすることです。これは、どんな練習よりもいい体験になります。

ふたつ目のポイントは、1球1球、集中して投げることです。上達には、ある程度の練習量が必要ですが、かといってただ数をこなせばいいわけではありません。どれだけ集中して投げられたかが、レベルアップのポイントになります。

有名なハンマー投げの選手の話で興味深い話がありました。ハンマー投げでは1投ごとに数十メートル先までハンマーを取りに行き、引きずって戻ってきます。「効率が悪いのではありませんか?」と聞かれると、「いや、この時間がとても大切なのです。この時間に今の投球を振り返り、次はこうやって投げようとイメージを作って、準備をするのです」と答えたそうです。

ボウリングも1球1球を大切に投げ、イメージ作りをしながら練習することで、次のステップに進めるようになります。

目を養い、いいイメージを思い描きながら練習を重ねる。このふたつが上達のポイントです。

うまい人のプレーはすべてが勉強材料。いいイメージを植えつけて自分のプレーに生かしましょう

第3章

フォームチェックでスキルアップ

安定したスコアのキーポイントは
正しい投球フォーム。
フォームの基本を再確認するためにも、
マメにフォームをチェックし、
自分に合ったスタイルを探していきましょう。

フォームチェック

上級者を目指すために

自分では完璧だと思っていても、それがスコアアップにつながらなければどこかに問題点があるはず。そういうときはひとりで悩まず、人からアドバイスを受けることで解決策が見つかることもあります。

インストラクターに見てもらう

何度練習しても、スコアアップにつながらない伸び悩みの時期が来ると思います。そういうときは、投球フォームに悪い癖がついている可能性があるので、自分のフォームをほかの人にチェックしてもらうのがおすすめです。体の軸、スイングの軌道、リリースのタイミング、脇の締め具合、腕や手首がまっすぐになっているかどうかなど、ちょっとしたアドバイスで意識がずいぶんと変わるものです。できればスクールに入るなどして、専門のインストラクターにチェックしてもらう機会を作りましょう。

POINT
どこを見てもらうか

投球フォームをチェックしてもらう際、自分で気になる部分があれば、あらかじめそのことを伝えておいたほうが、見るほうもアドバイスがしやすいもの。ボールが曲がらない、いつも狙ったスパットの内側にいくなど、自分の問題点を整理しておきましょう。

スイングをチェック

ボウリングの決め手は、なんといってもスイングです。スイングが安定すると同じ投球ができるようになり、そこで初めて、ボールのスピードやコントロールが調節可能になります。正しいスイングがステップアップの糸口です。

スイングのイメージ

スイングは、肩や腕の力を抜いて、リラックスした状態で行なうことがポイント。ボールの重みを支えようとしたり、強いボールを投げようと力を入れてしまうと、スムーズにスイングできなくなってしまいます。毎回、同じ投球ができるようになるのも、スイングが安定しているからこそ。ステップアップにはスイングの安定が不可欠なのです。

リラックスしたスイングのイメージは、水の入ったバケツをブラブラと振る動作に似ています。中指と薬指にとっ手を引っ掛け、前後に振る動きをイメージしてみてください。スイングラインは8の字を描かず、まっすぐになるよう心がけましょう。指先にかかる重みや、肩を支点にバケツが振り子運動する状態は、スイングの動きとほとんど同じです。実際にバケツを振らなくても感覚がつかめるので、イメージトレーニングにもいいでしょう。

スイングのポイントは次のふたつ。①力が入っていないこと、②スイングラインが8の字を描かずまっすぐに振れていること

指先にかかるバケツの重みと振り子のような動きを感じよう

フォームチェック

ワンステップスローでフォームをチェック

ワンステップスローは、スイングやリリース、フィニッシュなどのチェックがまとめてできる簡単な練習方法。歩きながらの投球と違って、自分の気になる部分を意識しながら投球できるメリットもあります。

イチ、二のサンで投球を

　ワンステップスローは、最後の1歩だけ踏み出して投球する練習方法です。まずは、その場で腕をブラブラさせ、「イチ、二のサン」のリズムで投げてみましょう。
「イチ」のタイミングは、ボールを体の前に出すときです。「二の」のタイミングでボールを後ろに自然に上げ、足をスライドさせ、「サン」のタイミングでリリースします。自然な腕の振り子運動から、リリースできるよい練習になります。

POINT

スイングはとにかくリラックス

ワンステップスローでも、スイングに力を入れないことがキーワード。ボールをブラブラと振り子運動させていたときはリラックスしたスイングができていても、いざ投げようとすると、途端に力が入ってしまいがち。力が入るとバックスイングが高くなったり、スイングスピードが速くなったりします。この練習では、ボールのスピードは遅くても構いません。ボールをブラブラさせていた動きのまま、リリースしましょう。

フォームチェック

体の軸とスイングラインをチェック

投球中で特にバランスを重視したいのが、バックスイングとリリース時のフォーム。いずれもボールと頭は1本のライン上にあるのです。

よくあるカン違い

投球時はボールが自分の横を通るため、軌道ラインをカン違いしている人が多いようです。もしもアナタが投球時のボールの流れを、下のイラストのようなラインでイメージしているのなら、それは間違い。このイメージ通りにボールを投げようとすると、脇が開いてしまい、パワーのないボールになってしまうでしょう。

間違ったイメージ

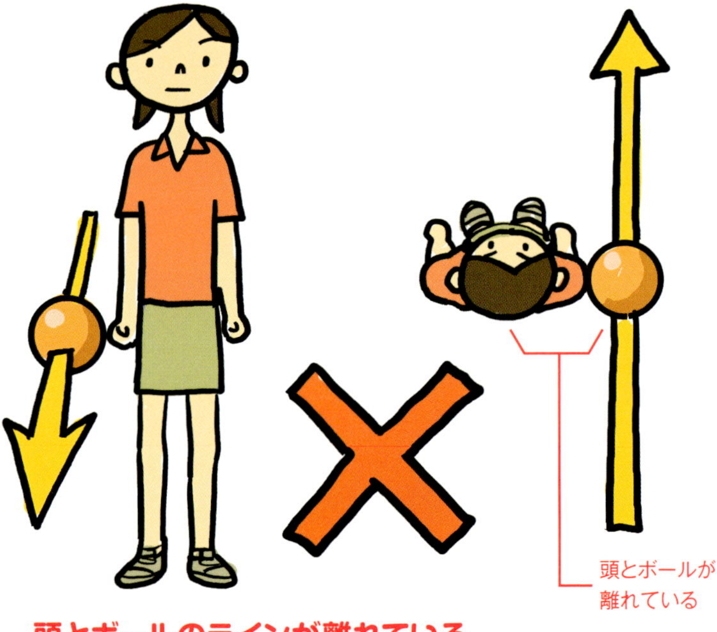

頭とボールのラインが離れている

バックスイングからリリースまでのボールの軌道は、このような体の横を通るラインではなく、頭の真後ろから頭の真下を通っていくイメージです

ボールと頭は一直線になる

バックスイングやリリースのとき、ボールと頭は床と垂直なライン上にあります。ボールと頭のラインを意識しなくても、リラックスしたスイングができていれば、自然に両方ともライン上に並ぶようになります。ラインに並んでいるかのチェックは、人に見てもらうといいでしょう。

また、リリースでは足をクロスさせてボールが通過する空間を作るので、体にぶつかることはありません。

リリースのとき

振り下ろしたボールは頭の真下を通り、このときボールと頭は同じライン上に並びます

バックスイングのとき

振りかぶったとき、前から見るとボールは頭の真上にきます。振りかぶりすぎると、ボールがこのラインから外れてしまうので注意

フォームチェック

フラットゾーンのチェック

フラットゾーンは、投球フォームの要素のひとつ。スイングの後半、振り下ろしたボールが肩の下あたりから直線的に進むゾーンのことで、強い球質と安定した球質を手に入れる重要な要素です。

フラットゾーンを長くとる

リリースでボールに回転を与えようとして、フォロースルー（リリース後に腕を振りぬく動作）で腕を引き上げてしまうケースがあります。確かに、ボールの回転数は上がるでしょうが、この投球方法では、なかなか同じ球質のボールを投げ続けることができません。

リリースの際、フラットゾーンを長くとれば、フィンガーにボールが乗っている時間も長くなり、強い球質のボールが投げられるようになります。また、この方が、リリースが安定し、同じ球質で投げ続けることも可能です。

フラットゾーンは肩の下

振り下ろしたスイングの弧が、肩の下あたりから直線的になる部分がフラットゾーンです

このイメージは間違い

ボールに回転を与えることばかり意識すると、左の写真のように、腕を振り上げるようなフォームになってしまいます。また、スイングに力が入ってしまうため、投球が不安定になります

フォームチェック

リリースポイントをチェック

理想的なリリースポイントで投球しているときは、ボールがレーンに着地するとき音がしません。逆をいえば、音のない静かなリリースをマスターすれば、それが理想的なリリースになるというわけです。

リリースで音がしない

ボールがレーンに落ちる音がしないリリースは、ボールに与えたパワーを最小限のロスに抑える理想的な投球です。サムが引っかからずにスムーズに抜け、さらに、床とほぼ同じ高さでボールをリリースできると、このような投球が可能になります。

フィニッシュポーズをチェック

フィニッシュポーズが安定しているということは、投球フォームのバランスがいい証拠。キレイなフィニッシュポーズができるよう意識すれば、自然にフォームも安定してきます。

フィニッシュが安定する

スライドさせた前の足への体重移動がスムーズにできていると、フィニッシュポーズがビシッと安定します。もし足がフラつくなど、体がブレるようなら、バランスが崩れている証拠。原因はさまざまありますが、フィニッシュを安定させることで、悪い要因が修正されることがあります。

こんな症状の人は気をつけよう

リリースの後に軸足が動く
スイングラインが体から離れていると、ボールに振られてフィニッシュで軸足が動いてしまいます

体がローテーションする
振り子運動を利用せず、自分の力でボールを振り下ろすと、体が横を向いたり回転してしまったりします

フォームチェック

バランスラインをチェック

完成された投球フォームは、ひとつひとつがバランスの取れた動きになっています。1歩ごとに体のライン(軸)を意識して、トータルで美しい流れを作り出しましょう。

スムーズな体重移動がカギ

バランスラインとは投球フォーム1歩ごとの、つま先、ヒザ、肩を結んだ縦のラインのことです。バランスラインが床と垂直になっていれば、体重移動がスムーズに行なわれている証拠。アドレスからフィニッシュまでのすべての動きにバランスラインは存在します。

下の一連の写真のように、1歩ずつ踏み出して止まり、バランスラインが垂直になっているかどうかチェックしてみましょう。人に見てもらいながら、正しいバランスラインを身につけるのがわかりやすい方法です。

Check!

軸がズレるとへっぴり腰に

足を踏み出したとき体重が後ろに残っていると、へっぴり腰になってしまいます。この状態でスイングすると、ボールの動きが不安定になったり、体が上下に動いてしまったりします。ひとつひとつの動きのバランスがとれていないと、スイング全体の流れがスムーズに行なえなくなるのです

フォームチェック

視線をチェック

スコアアップのためには、ボールコントロールを安定させることが必須。コントロールを身につけるうえで、もっとも大切なのは視線が安定していること。視線は、常にスパットに向けられています。

視線の安定がコントロールを安定させる

ボールがコントロールできるようになるには、視線が重要なポイント。極端な言い方をすると、スパットを見て投球ラインをイメージすれば、自然に体がその通りに動いてくれるほど影響力があります。

投球中ずっとスパットを見続けるには、視線が上下左右に揺れないこと。視線を安定させると、コントロールもよくなっていきます。

スパットを見続ける

「Eye on Spot（アイ・オン・スパット）」は、世界中のボウラーの合言葉。
ボウリングをはじめたばかりの初級者からプロまで、このセオリーは変わりません

個性的なスタイル

自分のスタイルを探す

基本を身につけたら、今度は自分の投げやすいフォームを見つけましょう。最初からオリジナルの投球をするのではなく、あくまで基本を覚えてからです。

投げ方はいろいろあっていい

今までは、ボウリングの基本を学んできましたが、ここからは、自分に合った投げ方を探す話になります。日本はもとより、世界のトップボウラーのなかでも、個性的な投げ方をしているプレーヤーはたくさんいます。そのすべてのボウラーが、必ず自分の投球スタイルを裏付ける理論と自信を持っています。自信を持ってできる投球が、すなわち自分のスタイルなのです。

いろいろなアドレス

基本ポーズのアドレスにも、実はいろんなスタイルがあります。代表的なものは、ハイポジション、ミドルポジション、クラウチングなど、ボールを構える高さが異なるポーズです。

アドレスの位置を調節すると、プッシュアウェイのリズムや、スイングの大きさが変わってきます。また、ボールや球質にも違いがでるので、基本ポーズといえども奥が深いのです。ポジションを調節しながら投げ、自分に合ったアドレスを見つけていきましょう。

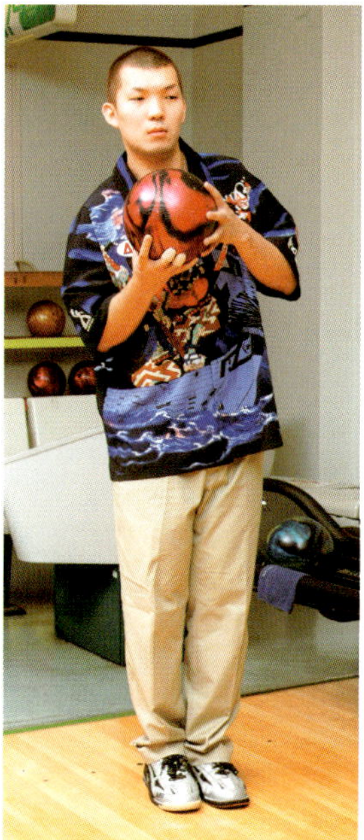

ハイポジション

通常のアドレスより、高い位置でボールを構えるのがハイポジション。高い位置から振り出せるため、大きなスイングができます

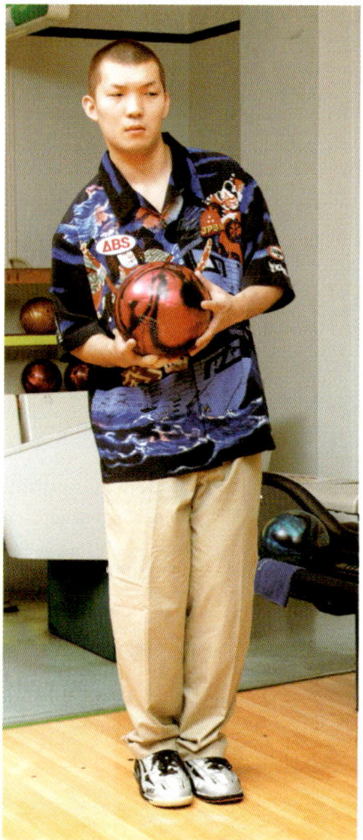

ミドルポジション

ミドルポジションは、腰のやや上で構えます。リラックスした状態で構えることができるアドレスポーズです

クラウチング

上体をやや前屈みにして、低い位置でボールを構えます。アドレスからフィニッシュまで目の高さを変えずに投球することができます

いろんなプッシュアウェイとダウンスイング

プッシュアウェイは、静止しているボールを動かす最初の動作。スイングで唯一、自分の力を使う動作で、ボウラーがいちばん神経を使うのがこのとき。

以前は、大きなプッシュアウェイを行なうのが一般的でしたが、最近は、小さなプッシュアウェイが主流になりつつあります。どちらのプッシュアウェイが正しいという決まりはなく、自分のリズムに合ったものがいちばんでしょう。

大きなプッシュアウェイは、始動にもっとも力を使います。スイングに力が入らないよう、ボールを持たないほうの腕の力を十分に使って行なうようにしましょう

❶大きくプッシュアウェイ

前方ではなく、斜め下に向かってヒジを伸ばすため、ほとんど力を使わずにスイングに移行することができます。ただし、アプローチとタイミングが合わないと、バックスイングのとき無理に引き上げようとしてしまうので注意しましょう

❷プッシュダウン

❸スライディングヒンジ

アドレスの構えから、ヒジを前にスライドさせ、体から離れた位置でヒジをヒンジ（ちょうつがい）のように使ってプッシュアウェイ、ダウンスイングとつなげます

❹ハイポジションからヒンジダウン

高い構えから、ヒジの位置を動かさず、ヒンジのようにダウンスイングに移行します。もっとも力を使わないプッシュアウェイといえるでしょう

❺クラウチングからのプッシュアウェイ

クラウチングスタイルのような、低い位置でボールを構えるアドレスポーズの場合、腕を前に振り上げてからスイングに入ります

個性的なスタイル

セオリーにとらわれない

近代ボウリングは、ボールの進化や環境の変化が著しく、しばしば従来からのセオリーに当てはまらない、新しい発想に出会うことがあります。セオリーにとらわれず、広い視野でボウリングに接することも必要でしょう。

ノースライドで投げる

最近は、足をスライドさせないノースライドというスタイルで投げるボウラーが増えてきています。この投球を好むボウラーは、「回転数が多く、強い球質のボールが投げられる」、「アプローチコンディションに左右されずに投球できる」など、それぞれに異なる利点を挙げています。

アプローチの最終ステップは、足をスライドさせることが基本ですが、投球者がいちばん投げやすいならそれでOK。このように、個々のスタイルは、セオリーにとらわれない観点から生まれてくるものなのです。

一気にファールラインまで
足を伸ばす
最後の1歩はカカトから

スライドさせたときの脚部

通常の投げ方の場合、最後の1歩はつま先から入ります。この方が足をスライドさせやすいからです。逆に、ノースライドは足がスライドしないよう、カカトから入ります

手首を柔らかく使う

通常の投球では、手首はまっすぐに固定しておくことが基本です。しかし、手首を柔らかく使って、ボールに強い回転を与えるテクニックがあります。手首をカップリストにして、フィンガーがボールのより下側にある状態から回転をかける方法です（49ページ参照）。

ただし、カップリストのままでは、リリースで親指が抜きにくくなります。手首を柔らかく使うことで、指の抜けをスムーズにすることが可能です。また、この方法で投げると、フラットゾーンが長くとれるという利点もあります。

回転力が上がると
ボールの破壊力がアップ

POINT この動きが回転を生む

手首がまっすぐの場合

通常は、手首をまっすぐにした状態でボールを振り下ろし、そのままリリースします。もちろん、この投げ方でもボールに回転はかかります

手首を柔らかく使った場合

カップリストからブロークンリストへの動きは、フリスビーを投げる動作やヨーヨーに回転を与えるときのような、手首の使い方と同じイメージです

リリース時は
ブロークンリスト
フラットゾーンが
長くとれる

個性的なスタイル

オープンバックとローダウン

スピードがあって回転数も多いボールは、高い破壊力を生みだすボウラーがあこがれる球質。このパワーボールを可能にする投球方法、オープンバックとローダウンについて少し触れてみましょう。

オープンバックとは

オープンバックとは、プッシュアウェイからバックスイングのトップにかけて、体を開いて投げる投球方法です。回転数の多いボールを投げるには、相応のスピードも要求されるため、スイングにもパワーが必要になります。オープンバックは、体を開くことでスイングを最大限まで大きくし、パワーを生み出すことができるようになります。

胸を開きながら
バックスイング

POINT

ボールと頭の位置

オープンバックは、バックスイングで体を開くとき、体をねじるような動作が入ります。バックスイングでボールを背負いやすくなるので注意してください。ボールと頭の位置は同じライン上にあることが理想ですが、この投球方法なら、ボール1個分くらいまでなら内側にずれても構いません。

肩のライン

バックスイングを正面から見ると、一般的な投げ方は、体がほぼ正面を向いています。これに対してオープンバックは、バックスイングのとき、肩のラインが縦になっています。

一般的なバックスイング

オープンバック

高い位置まで
バックスイングが
上がる
完全に胸が開いた状態になる

ローダウンの動き

　ローダウンとは、高速回転ボールを投げる投球方法のひとつです。バックスイングのトップからボールが落ちてくるとき、ヒジを曲げながらボールを抱え込み、さらにヒジを伸ばしながらリリースします。手首は、72〜73ページのように柔らかな使い方をします。

　手首だけでなく、ヒジを伸ばす動作が加わることで、より高速の回転をボールに与えることが可能になります。

POINT ボールと頭の位置

よりパワフルなボールを投げるためには、ボールがなるべく体から離れないようにするのがポイント。リリース時に頭の真下にボールがくるのが理想ですが、ローダウンの場合、ボール1個分くらいまでなら頭のラインより内側に入っても構いません。

○
×

Check! ローダウンの腕の動き

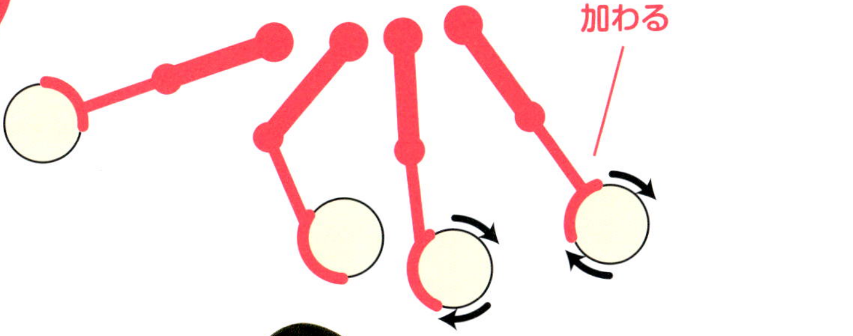
ここで強い回転力が加わる

ヒジを伸ばしながらリリース

個性的なスタイル

自分のスタイルを完成させる

個性的な投球スタイルはさまざまありますが、ここでは今回のモデル、山下昌吾プロの投球フォームを紹介します。10年前のジュニア時代から、この投球スタイルに取り組み、現在のフォームができあがりました。

クランカーとしては
やや大きめの
プッシュアウェイ
バックスイングは
オープンバック
アドレスは
ミドルポジション

自分のスタイルが大好きで自信があること

基本的な投球フォームのほかに、個性的なフォームをいくつか紹介しましたが、どれがいちばん正しいといった定義はありません。いくつかのチェックポイントを抑えてさえいれば、自分にとって投げやすいものがいちばん。さまざまな経験、失敗や試行錯誤を重ね、自分ならではのスタイルを作りあげていきましょう。例えそれが基本に忠実なオーソドックスなスタイルでも、本人がそのスタイルが大好きで自信に満ち溢れているのなら、それがその人にとっての個性なのです。

しっかりボールの軌道を確認
ローダウンでリリース
足はスライドさせるが短め
ブロークンリストでリリース

Column 矢野プロのスキルアップ講座❸

誰もがみんな個性派ボウラー

スポーツでは、まず「基本」が大事になりますが、そもそも基本って何でしょう。指導する立場にいても、「ボウリングの基本とは何ぞや?」と、疑問に思うことがあります。昔ながらのオーソドックスな投球フォームが、すべての基本と考えるのは、少々無理があると感じてしまうからです。

投球方法はバラエティに富んでおり、クラウチングスタイル、オープンバック、ローダウン、親指を穴に入れないで投げるサムレス、最近では、両手投げの選手も出てきています。私個人としては、ボウリングスタイルはいろいろあっていいと考えています。

私の教え子で、今やトップボウラーの山本勲プロは7歩助走です。一般的には4歩か5歩助走がオーソドックスなスタイルですが、彼は、かたくなに7歩助走を貫いています。ジュニア時代、ボールにスピードをつけたかった彼は、アプローチのいちばん後ろから助走して投げていました。それがすっかり彼のスタイルになり、トップボウラーとしても成功したのです。

また、今回のメインモデル、姫路麗プロも個性的なボウリングスタイルの持ち主です。特に独特なのは、アドレスからプッシュアウェイ、そして左手の使い方。アドレスは一見オーソドックスに見えますが、右腕を大きく捻るようにしているため、右ヒジが体の中心にあります。そして大きなプッシュアウェイ。これには理由がありました。彼女は高校時代、右ヒジを骨折したため、腕がまっすぐ伸ばせなくなってしまったのです。ヒジを伸ばすと、いわゆる「猿腕」のような形になり、しかも、かなり曲がり方がきつい。このため、普通にスイングすると、ボールが体から離れ、外側を通ってしまうのです。当然、ボールの威力は弱まり、投球も不安定になります。しかし、彼女は壁にぶつかってもめげませんでした。

本書でも解説している通り、ボールと体の位置関係が重要なことに気づき、アドレス、リリースと、常に体の中心にボールがくるように意識することで、独特なアドレス、プッシュアウェイができあがったのです。また、大きなプッシュアウェイの反動で、バックスイングのトップで体が後ろへ引っ張られないよう、左手を大きく前へ出すなどの工夫をしています。

このように、投球フォームに正解はありません。大切なのは、自分の特徴を生かし、自分なりのスタイルを作り上げること。オーソドックスだろうと、個性的だろうと、いちばん投げやすい方法が、自分のスタイルになるのです。

今回の撮影では、基本フォームを説明するため、姫路麗プロには、あえてオーソドックスな投げ方をしてもらっています。姫路プロの普段のプレーもチェックして、彼女の独特のフォームから繰り出す投球を、ぜひ堪能してみてください

第4章

ストライクを取るために

ボウリングは1投目で10本すべてを倒せることがいちばん。
ストライクを取る必勝法を学び、
ストライクの確率を上げていきましょう。

狙って投げる

ポケットを狙う

1投目は、誰もがストライクを取りたいもの。そのために、ポケットと呼ばれる、いちばんストライクになりやすいポイントを狙います。フックボールで角度をつけて、ポケットを狙うとさらに確率が上がります。

ポケットとは

ポケットとは、右投げの場合、1番ピンと3番ピンの間のことを指し、左投げなら1番ピンと2番ピンの間になります。ストライクを取るために、このポイントにボールが行くよう狙って投げます。ポケットを狙うとき、真正面からではなく、やや横から角度をつけてボールが入るようにします。

右投げの場合

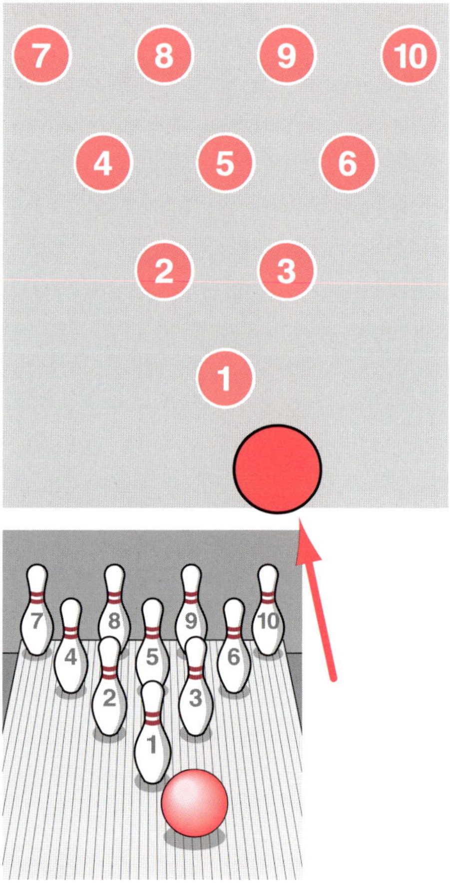

1、3番ピンの間に、斜めにボールが当たっていくイメージです

左投げの場合

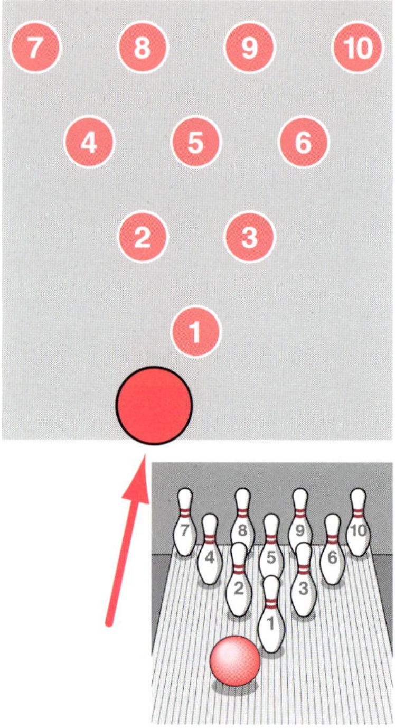

左投げは1、2番ピンの間で、ボールが当たる角度も右投げの場合と反対になります

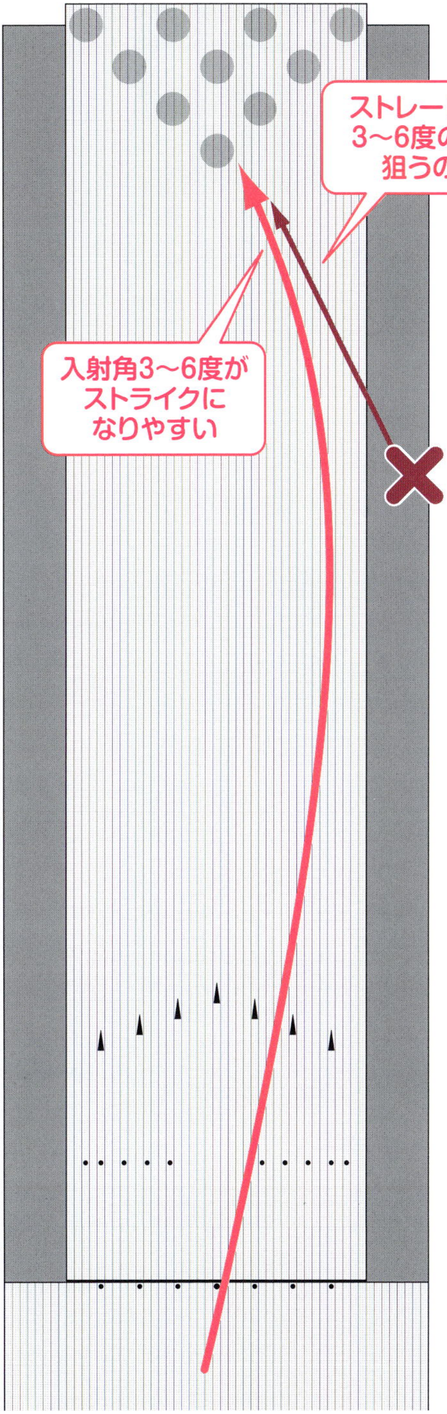
ストレートボールで
3〜6度の入射角を
狙うのは無理
入射角3〜6度が
ストライクに
なりやすい

理想的な角度は3〜6度

ポケットにボールが入るとき、3〜6度の入射角がついているのが理想です。ストレートボールでは、この角度は得られず、ピンを残してしまう可能性が高くなります。そのため、フックボールが有効になるのです。左のイラスト図のように狙えば、3〜6度の入射角が得られます。

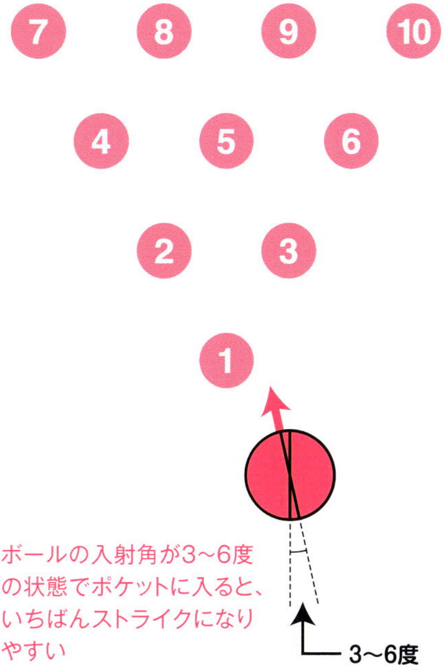
7
8
9
10
4
5
6
2
3
1
3〜6度

ボールの入射角が3〜6度の状態でポケットに入ると、いちばんストライクになりやすい

狙って投げる

パーフェクトストライク理論

ボウリングには、ストライクを取るための「パーフェクトストライク理論」があります。この理論を理解して、コンスタントにストライクが取れるようになりましょう。

パーフェクトストライク理論を理解する

ポケットを狙うとき、ボールに角度をつけるのには理由があります。当たったピンが倒れていく方向、ボールが進んでいく方向が考えられ、ストライクになる理論としてまとめられているからです。

下の図がその理論をまとめたものですが、ボールは1、3、5、9番の順にピンに当たっていきます。当たったピンは、図のように残りのピンを倒していきます。

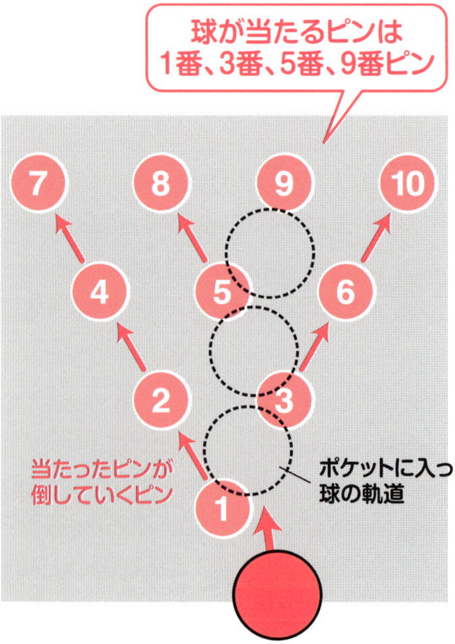

はじかれたピンがどのピンを倒すのか、ピンアクションも知っておきましょう

ピンアクションの流れ

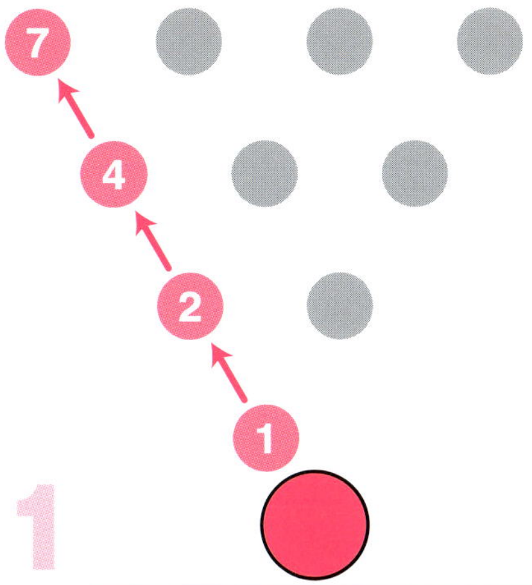

1

ファーストインパクト

ボールは、まず1番ピンに当たり、左斜め後ろにはじき、2番ピンを倒します。2番ピンは4番ピン、4番ピンは7番ピンとドミノ式に倒していきます

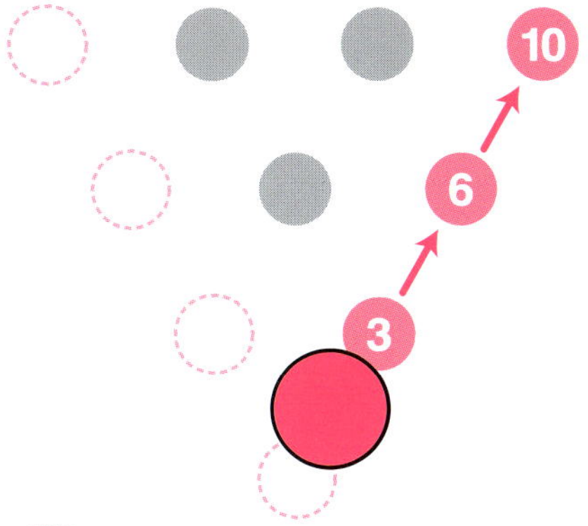

2

セカンドインパクト

ボールは1番ピンに当たった直後、3番ピンに当たります。今度は3番ピンが右斜め後ろにはじかれて6番ピンを、6番ピンは10番ピンを倒します

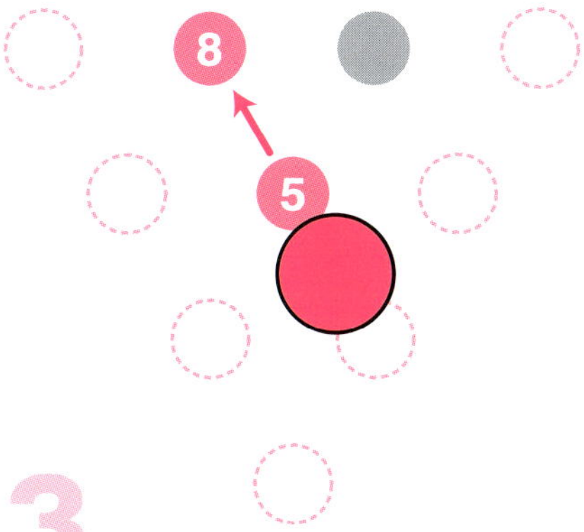

3

サードインパクト

ボールはそのまま進み、今度は5番ピンに当たります。5番ピンがはじかれると左斜め後ろにある8番ピンを倒します

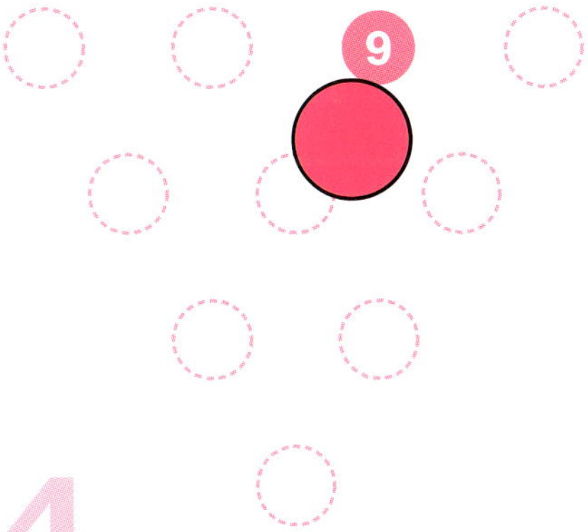

4

フォースインパクト

最後に9番ピンが残りますが、これはボールが倒します。このピンアクションとボールの軌道が合致すると、パーフェクトストライクです

狙って投げる

タップを考える

ボールがポケットに入ったにもかかわらず、1本ピンが残ってしまった状態をタップといいます。タップの原因がわかれば、次の投球の修正方法がわかります。

ピンが残った理由と狙い方

ボールが狙い通りポケットに入ったのに、ピンが1本残ってしまう場合があります。この状態をタップといいます。例えば、10番ピンが残ったら「10ピンタップ」と呼びます。ポケットにボールが入る位置のわずかなずれや、入射角の違いで、さまざまなピンがタップします。

タップは、たまたま残ったのではなく、なにか原因があります。原因を考えて、次の投球で対処しましょう。

なお、ポケットの入り方を「厚い」、「薄い」という言い方をします。右投げの場合、ポケットよりもやや左の1番ピンの正面に近い場合を「厚い」といいます。逆に、やや右の3番ピンに近い場所を「薄い」といいます。左投げは、これと逆の位置と考えてください。

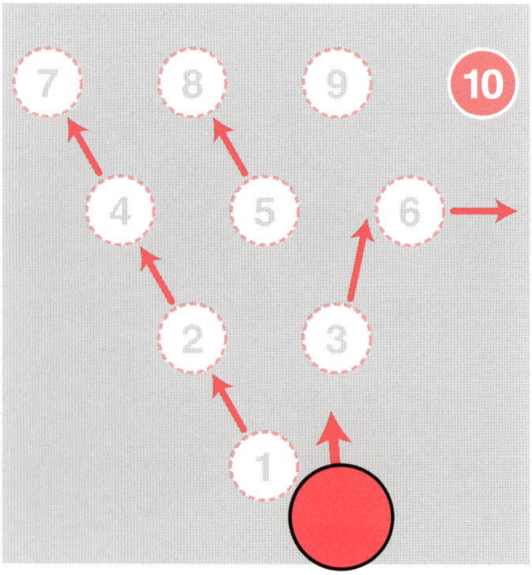

10ピンタップ

ボールがやや薄めにポケットにヒットした場合や、入射角があまいときに残ります。1番ピンにボールがはじかれ、セカンドインパクトのときに3番ピンの正面に当たります。3番ピンは6番ピンの左側に当たり、6番ピンが右にはじかれ、10番ピンが残ります。

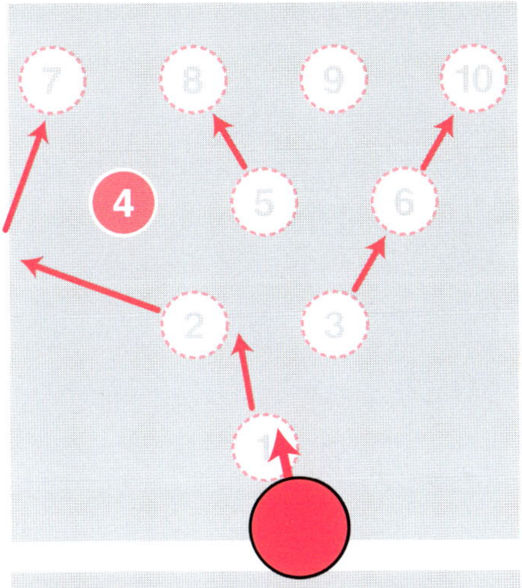

4ピンタップ

ボールが厚めに当ると、1番ピンが2番ピンの右側をかすめていきます。すると2番ピンは横へとはじかれ、4番ピンが残ることになります。2番ピンが跳ね返ると7番ピンに当ります。

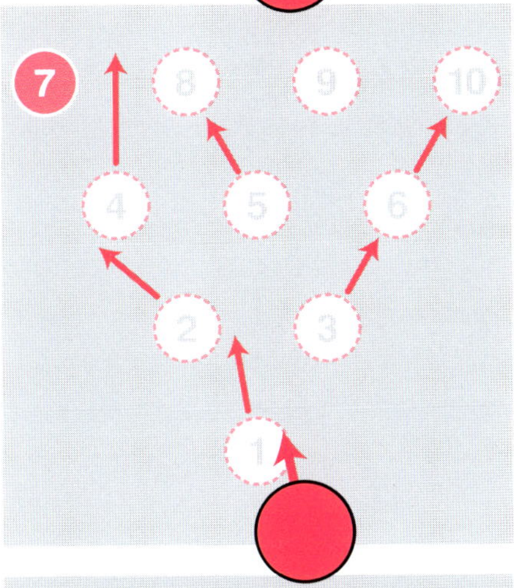

7ピンタップ

ボールがほんのわずか厚いとき、7番ピンが残る場合があります。1番ピンが2番ピンの右側に当たり、2番ピンが4番ピンの正面に当たるものの、はじかれる方向がずれて、最終的に4番ピンが真後ろに飛んで7番が残ります。

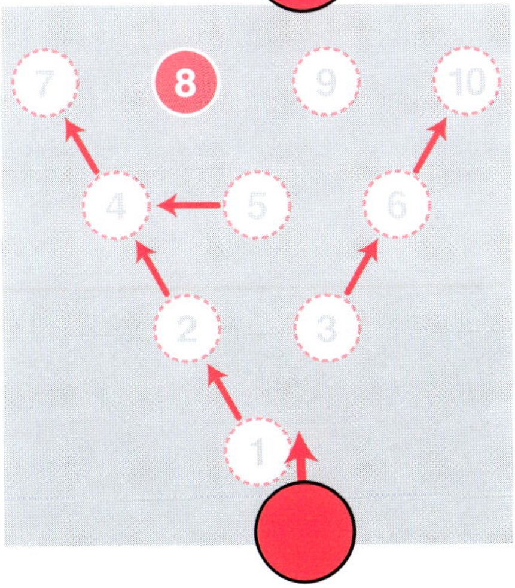

8ピンタップ

入射角があまいなど、ボールの食い込みが弱い場合、1、3番ピンがきれいに斜め後ろのピンを倒しても、ボールが5番ピンの当たる場所が右よりになってしまいます。こうなると、5番ピンが横に飛んで8番ピンが残ってしまいます。

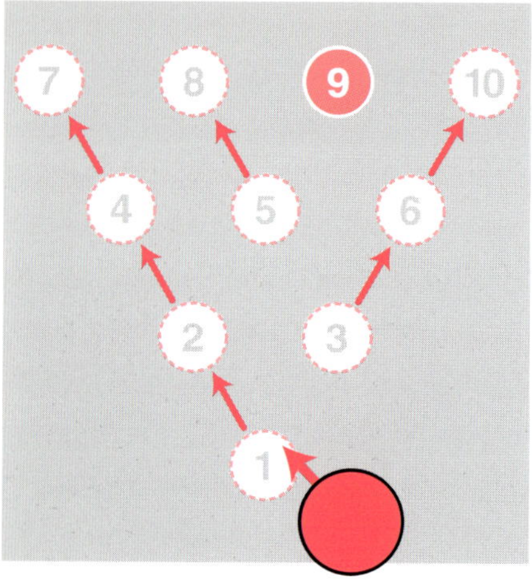

9ピンタップ

ボールの入射角が鋭く、食い込みがきついと、ボールは1、3、5番とピンに当たりながら、なお左へ進もうとします。9番ピンの左側を通過し、9番ピンが残ってしまいます。

タップ以外の残りのピン

タップは、ボールがポケットに入ったにもかかわらず、1本ピンが残ることをいいます。ピンが2本以上残った場合はタップといいませんが、残るからにはなにか原因があるはずです。

これ以降は、ポケットに入って残った2本以上のピンの、よくあるパターンをいくつか紹介していきます。それぞれの原因を考えていきましょう。

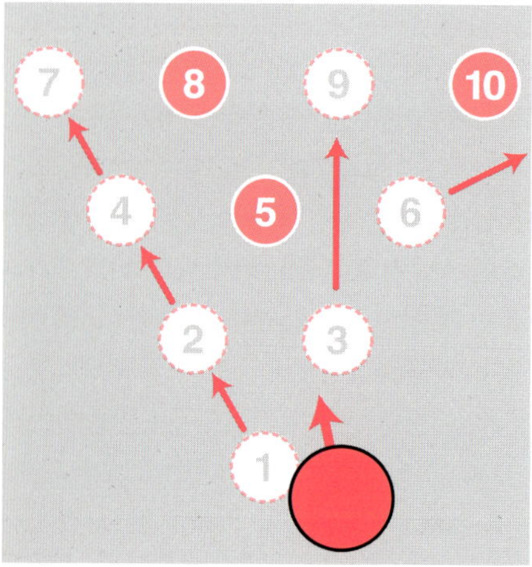

5-8-10ピン残り (ゴハット)

スピードがありすぎて、ボールがきちんとレーンを噛んでいなかったり、ボールが軽すぎたりした場合に残ります。ファーストインパクトでボールがピンにはじかれ、3番ピンを倒した後、5番ピンの右側、10番ピンの左側を通過します。

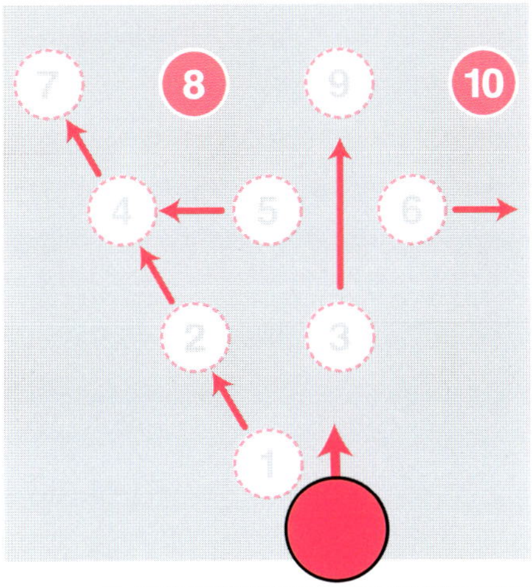

8-10ピン残り
(エイトテン)

ボールが滑りすぎたり、勢いがなくなったりした場合に残ります。ファーストインパクトでボールは1番ピンにはじかれ、3番ピンの正面にヒットします。3番ピンは後ろにはじかれ、ボールは5、6番ピンを左右にはじき、さらに8、10番ピンの間を抜けるため、この2本が残ります。

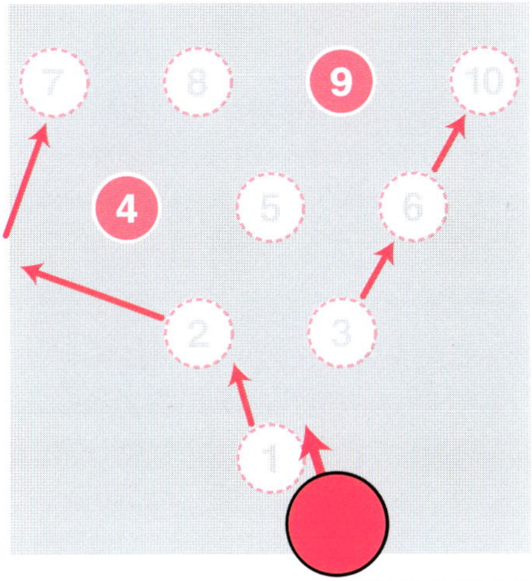

4-9ピン残り
(フォーナイン)

やや厚めで、ボールの入射角が強いときなどに残ります。1番ピンが2番ピンの右側に当たり、2番ピンは横にはじかれて4番ピンが残ります。ボールの食い込みが強いため、5番ピンを倒した後、9番ピンの左側を通過します。

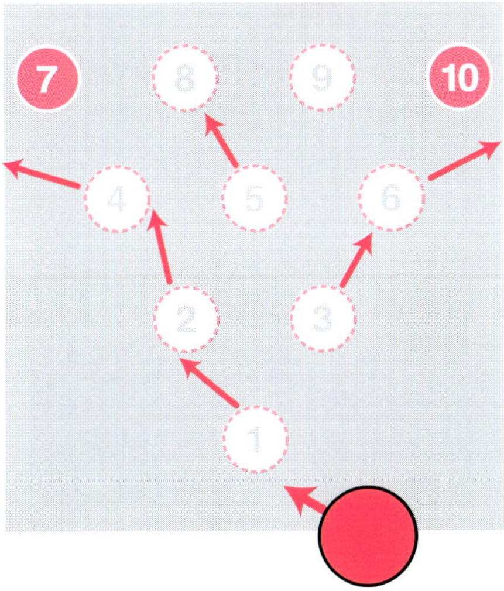

7-10ピン残り
(セブンテン)

パーフェクトストライクのラインより、ボールが膨らみすぎてポケットに入ると、このピンが残ります。入射角が鋭いものの、膨らみすぎた分ボールに勢いがなくなり、ボールは1番ピンにはじかれます。また、わずかに薄めに入るため、1番ピンは2番ピンの正面側に当たります。

レーンコンディションを読む

レーンにはオイルが塗ってあり、そのコンディションによってボールの軌道はかなり左右されます。レーンコンディションは投げてみなければわかりません。しかし、コンディションを読みとることも、投球中は大事なポイントです。

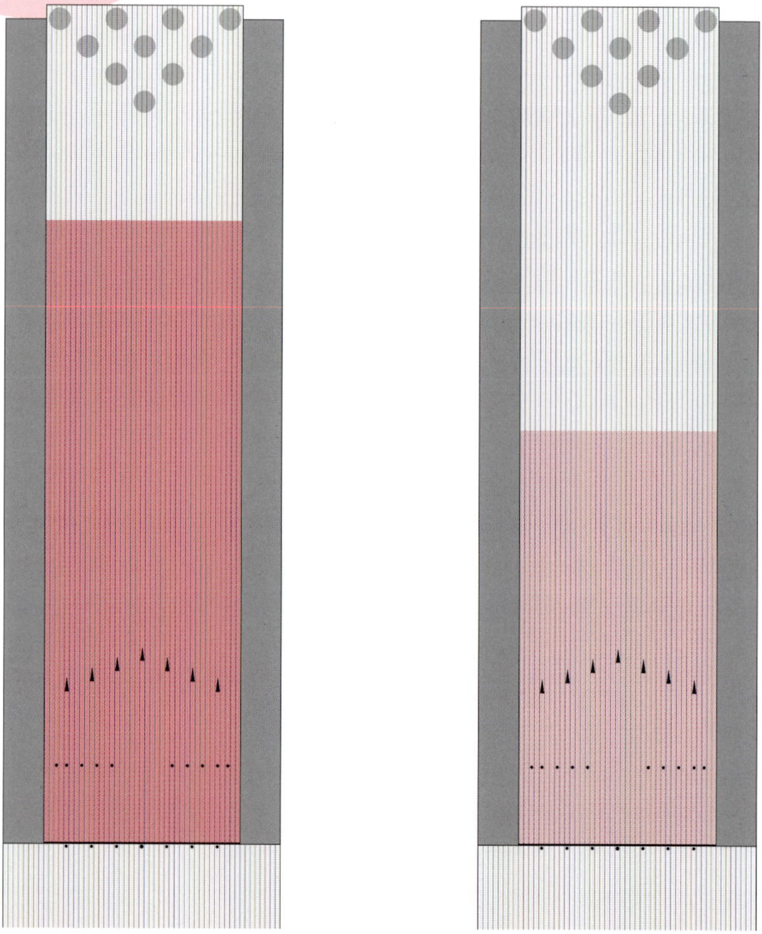

速いレーン

長くたっぷりとオイルが塗られているレーンコンディション。ボールが走りやすく、曲がりにくくなるのが特徴

遅いレーン

オイルが薄かったり、短く塗られていたりするレーンコンディション。ボールはよく曲がりますが、ロールアウト(勢いをなくす)しやすい

レーンにはオイルが塗ってある

レーンには、レーン保護のためにオイルが塗ってあります。レーンコンディションとは広義では、レーンの板やオイルの状態のこともいいますが、一般的にはオイルの塗り方や状況のことを指します。

レーンコンディションは、いつも同じ状態とは限らず、プレー中に変化します。変化によってボールの動きは大きく影響されます。

オイルの多いところはボールが曲がりにくく、薄くなるにつれ曲がりやすくなります。

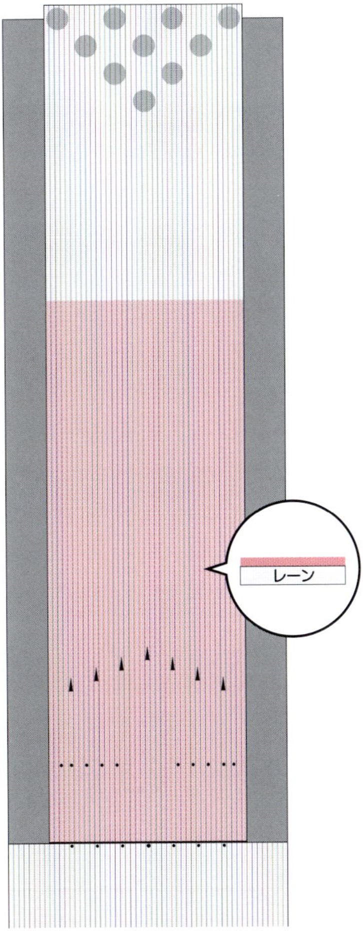

均一レーン

レーンの両サイドまで均一にオイルが塗られたコンディション。失投が許されず、均一レーンに近いほど「スポーツコンディション」と呼ばれます

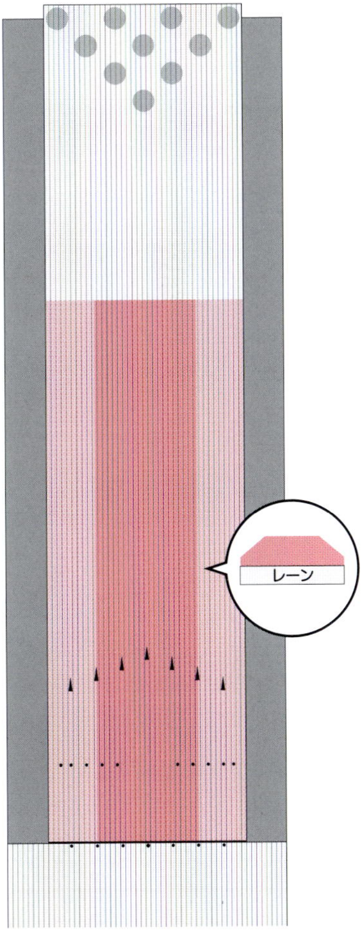

クラウンレーン

レーン中央部分のオイルが厚めで、両サイドにいくにしたがって薄くなっていくコンディション。一般的には、中央部分とサイドの濃淡の差が大きくなるほど、スコアが出やすくなります

レーンを読む

オイルの幅を利用する

狙ったライン通りに投げられ、ストライクが取れることが理想ですが、なかなか同じように投げられないもの。そこで、利用するのが「オイルの幅」です。これをうまく見つけることが、ハイスコアへのカギになります。

ポケットを狙える幅

狙っていたラインより外側に失投してしまったのに、ボールが戻ってきてストライクになった、という経験はありませんか？　これは失投したライン（最初のラインより外側）のオイルが薄かったため、ボールが曲がってくれたからです。

逆に、内側に失投したのにボールが曲がらずストライクが取れたという場合は、内側のオイルが多く、曲がらなかったということ。こういう場合を、「オイルに幅がある」といいます。この幅のあるラインを見つけられると、ハイスコアにつながります。

また、オイルの幅のことを、「ポケットの幅」と呼ぶこともあります。

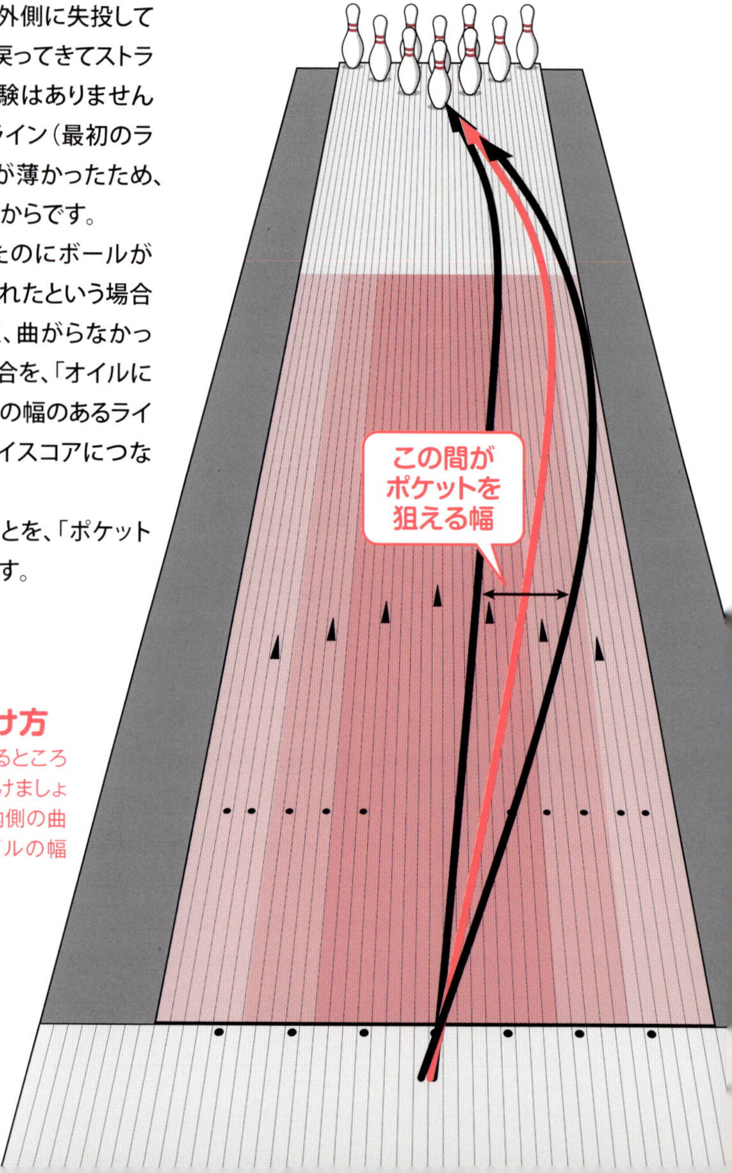

オイルの幅の見つけ方

ボールの動きを見て、曲がるところと曲がらないところを見つけましょう。外側の曲がるラインと内側の曲がらないラインの間にオイルの幅があります

外側に幅がある

センターはオイルがたっぷり塗ってあるため、ボールは曲がりません。オイルが薄くなる両サイドに幅があります。アウトサイドラインを使うと点数が出やすくなります

オイルの状態

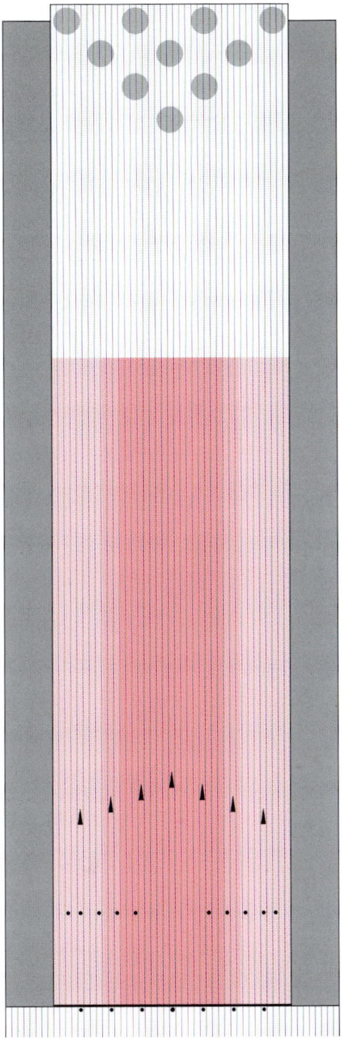

内側に幅がある

オイルが少ないサイド側をボールが通ると曲がりすぎてしまいます。この場合、オイルの幅はレーンのセンターよりにあります。この図の場合、10枚近辺を使って投げると点数が出やすくなります

オイルの状態

レーンを読む

レーンの変化に対応する

プレーを続けていると、だんだんオイルが薄くなってきます。そうするとレーンのコンディションがまた変化します。プレー中は、コンディションの変化も考慮しておきましょう。

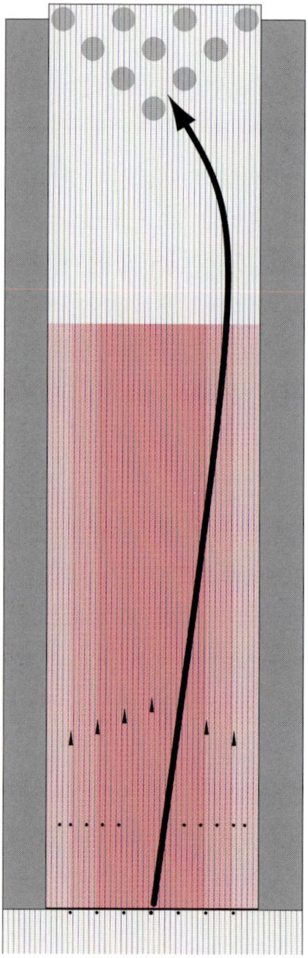

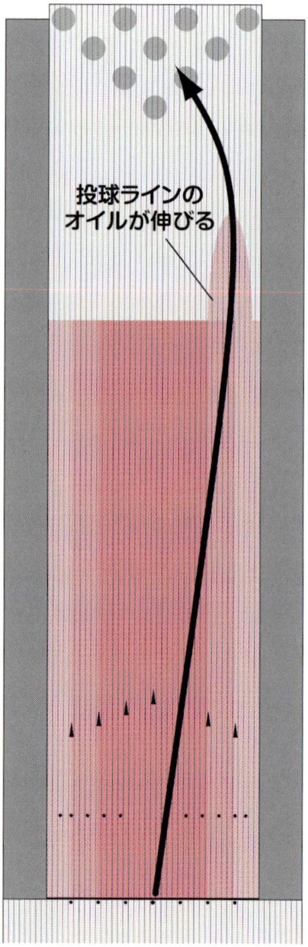

最初のレーンコンディション

通常、メンテナンスをしたばかりのレーンはセンターにたっぷりオイルが塗られ、サイドに向かって徐々に薄くなっています。いつもの自分の投げ方でプレーして問題ないでしょう

オイルが伸びた場合

何度かボールを投げていると、何も塗られていない部分にオイルが伸びてきます。ボールが曲がりはじめるのが遅くなり、ポケットに入る角度が薄くなりはじめます

レーンは変化していくもの

最初はオイルがたっぷり塗ってあったエリアも、何度もボールが通過するうちにオイルの量が減ってくるものです。特にポケットを狙うラインは、数多く投げるため薄くなりやすいのです。プレー序盤と終盤では、レーンコンディションはずいぶん違います。変化していくレーンコンディションに合わせて、投球ラインやボールを変えていきましょう。

まずは、ボールの曲がり方の変化＝レーンコンディションの変化を感じ取ることが重要。ボールの軌道は、常に意識しておきましょう。

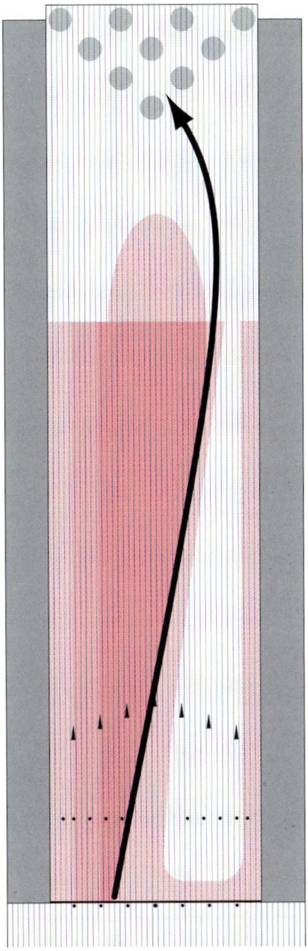

オイルが減った場合

ゲーム中盤になると、ポケットを狙って投げていた部分のオイルが減ってきます。オイルの幅は内側に移動しているので、右投げの場合、投げる場所を左にずらしていきましょう

ゲーム終盤のコンディション

ゲーム終盤はさらにオイルが減り、ラインもさらに左へ移動していきます。通常、この状態になるには、レーンメンテナンスをしてから20〜40ゲームくらい消化した場合でしょう

アジャストを楽しむ

どうアジャストするか考える

アジャストするには、レーンコンディションを読む力と、対応策を知っておくことが大切。知識があるからこそ、アジャストの方法がわかるようになるのです。

なぜそうなるのかを知ろう

投球がきちんとできていても、結果がイメージ通りにならないことがあります。それは投球ではなく、レーンコンディションの影響によるもの。このような場合は、投球方法を変えていくしかありません。投球ラインを変えたり、ボールを変えたりして投球を調節することをアジャストといいます。

例えば、同じように投げているのに、ボールの軌道が変わってきたら、レーンコンディションが変わってきた証拠。その都度、アジャストしていきましょう。

ポケットには入ってる・・・
きちんと投げられた?
?
レーンの変化?
JPBA
ABS

アジャストの選択肢はさまざま

アジャストは、そのときの状況によってさまざまな方法があります。絶対的な正解はなく、結果を出せればそれが正解だったということ。レーンコンディションを読みとる力など、そのときのシチュエーションに適した対応力が、なによりも大切になります。そのためには知識を身につけ、実践で経験を積むことです。

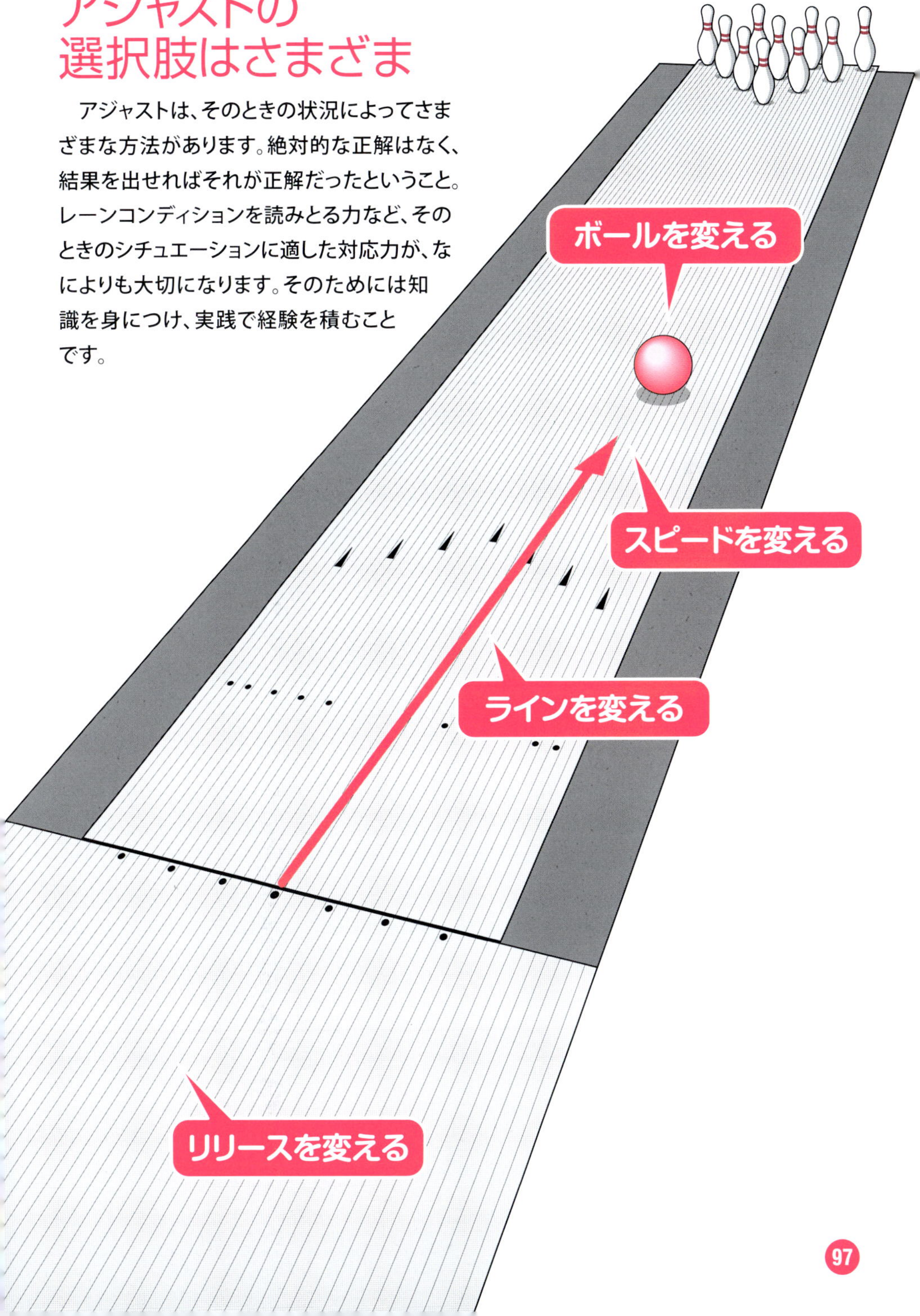
ボールを変える
スピードを変える
ラインを変える
リリースを変える

アジャストを楽しむ

ラインを変える

投球ラインは、ボールの動きや残りのピンを見ながら調節していきます。立ち位置や、狙う板目をかえることで、投球ラインを調節します。

残ったピンから読みとること

ストライクを狙って同じラインに投げていると、レーンコンディションが変化してイメージ通りにいかなくなります。ボールの動きにあきらかな違いが見られれば、コンディションの変化はすぐわかるものの、変化が微妙だと判断が難しいでしょう。

しかし、コンディションの変化はピンの残り方で判断することもできます。同じピンが残りはじめたら、レーンの変化の兆し。この場合、立ち位置や狙う板目を少しずつずらし、投球ラインを調節していきましょう。

10ピンが残るようになる

メンテナンス直後のレーンなどで、同じラインに投球していると、オイルが伸びて10番ピンがタップするようになります。立ち位置と狙う板目を1~2枚右にずらしてアジャストします

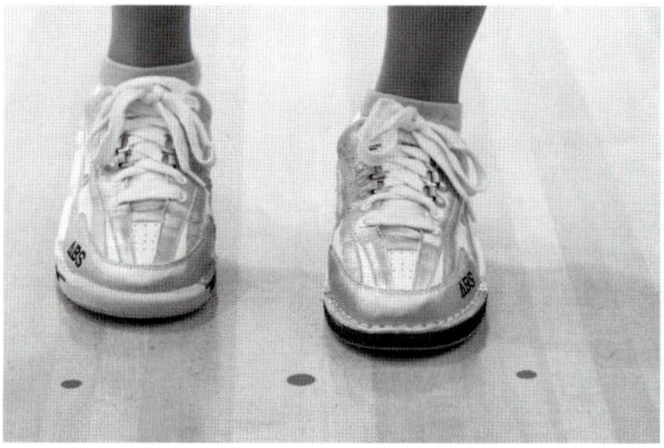

立ち位置

最初の立ち位置から、板目2枚右にずらします

4ピンが残るようになる

同じラインに投げていると、オイルが減って、レーンが遅くなりはじめます。ボールが曲がるようになり、4番ピンがタップしはじめます（87㌻参照）。ボールが厚めに当たる場合、立ち位置と狙う板目を1枚ずつ左へずらしましょう

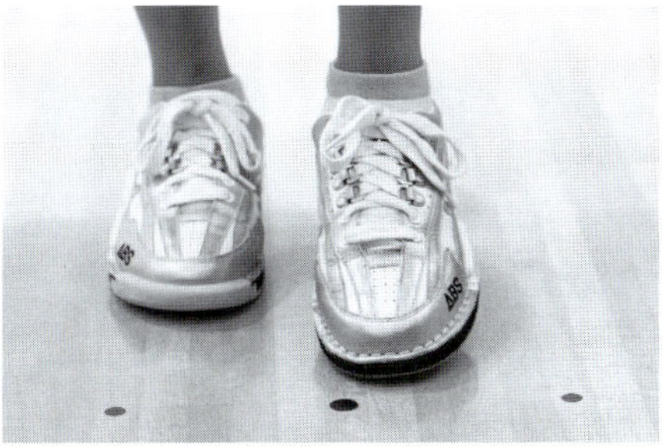

立ち位置

最初の立ち位置から、板目1枚左にずらします

POINT ずらした板目はスパットでチェック

26㌻で説明したように、投球時はピンではなくスパットを狙って投げます。もちろん、スパットだけではなく、スパットとスパットの間の板目を狙うこともあります。ボウラー同士の会話で、「6枚目からスタート」、「今は12、13枚目当たりを投げている」といった話がでますが、これは狙っている板目のことを指しています。

アジャストを楽しむ

ボールを変える

ラインアジャストをしてもピンアクションが悪く、スコアにつながらないことがあります。これは、レーンコンディションとボールが合っていないときによく起こる現象。そんなときは、ボールを変えて対応しましょう。

レーンコンディションとボールの相性

レーンコンディションに合っていないボールで投球すると、なかなかスコアがのびません。レーンに合ったボールを使用した場合と比べて、アベレージで10〜30点は違いがでます。

例えば、オイルがとても多い「速いレーン」で、ピカピカにポリッシュされた硬度の硬いボールを投げてもハイスコアにつながりません。レーンコンディションに合ったボールを選択することも、ボウリングの重要なテクニックのひとつなのです。

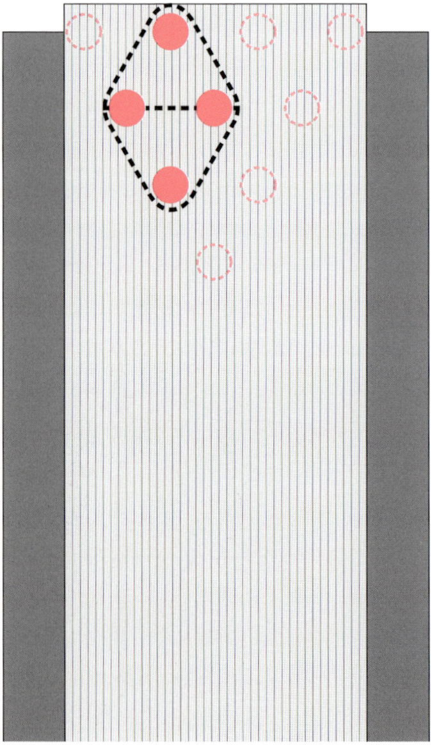

バケットが残るようになる

バケットとは、右投げの場合、2、4、5、8番ピンが残る状態です。レーンメンテナンス直後のコンディションで、キャリーダウン（オイルが伸びた状態）に対応してラインアジャストしても、バケットが残ることがあります。これは、想像以上にオイルが厚い場合です。この場合は、表面が曇った、曲がりやすいボールを選択しましょう

表面が曇った曲がるボールに変更

オイルが厚いときは、表面が曇ったボールを選ぶと摩擦が増えて曲がりやすくなります

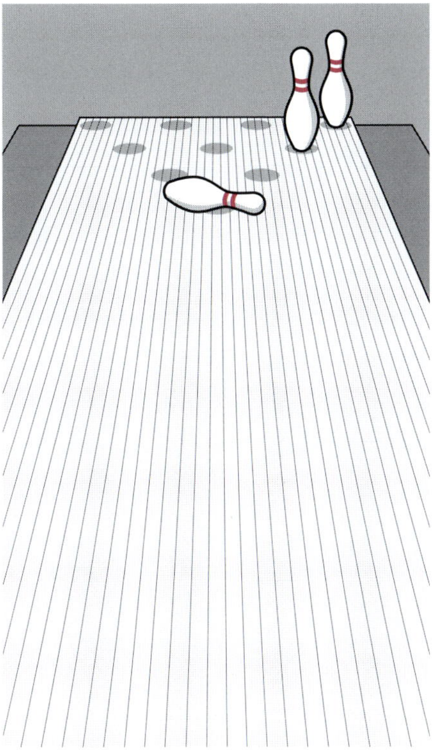

ピンが飛ばなくなる

ゲームを消化していくと、それに伴いレーンが遅くなってきます。そうなると、ポケットにボールがヒットしても、ピンが飛ばなくなることがあります。もしそのとき、曇ったボールを投げていたのなら、ロールアウトした（ボールの勢いがなくなった）状態で、ポケットを突いているかもしれません。表面に光沢のある、ポリッシュされたボールに変えてみましょう

走りのよいボールに変更

表面がツルツルしていると、摩擦を受けにくく、ロールアウトしにくくなります

POINT いつでもボールはチェンジできるように

最近のボウリングは、ボールチェンジはあたり前の技術として認識されています。しかし、「こちらのボールは指が引っかかってうまく投げられないから」などと、肝心な場面でなかなかボールチェンジができないプレーヤーが多くいます。いつでも安心してチェンジできるよう、指穴を調節しておくなど、ボールのケアを心がけておきましょう。

アジャストを楽しむ

リリースを変える

リリースによってボールの動きや回転数などが変えられます。立ち位置を変え、ボールを変え、さらにリリースも調節できるようになれば、どんなコンディションでも対応可能です。

アクシスローテーションを変える

レーンコンディションによって、リリースを変える場合があります。ほとんどが、アクシスローテーションを調節することで対応可能です。

例えば、アクシスローテーションを90度方向に変更すれば、ボールをさらに曲げたり、スキッドさせたりすることができます。また、0度方向に変更すれば、ボールの曲がりを抑えたり、早くロールに入れたりするように調整できます。

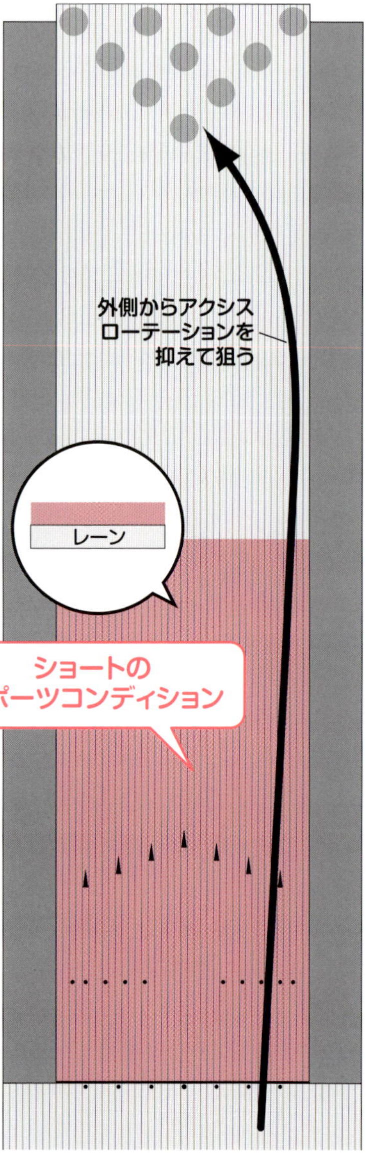

Check!

例えばこんなとき

ショートのスポーツコンディションとは、オイルが短く、オイルの壁（濃淡によるオイルの高低差）がほとんどない状態。失投が許されない、とても難しいコンディションです。このような場合は、アクシスローテーションを0度の方向に近づけて、アウトサイドから狙うのがセオリーです

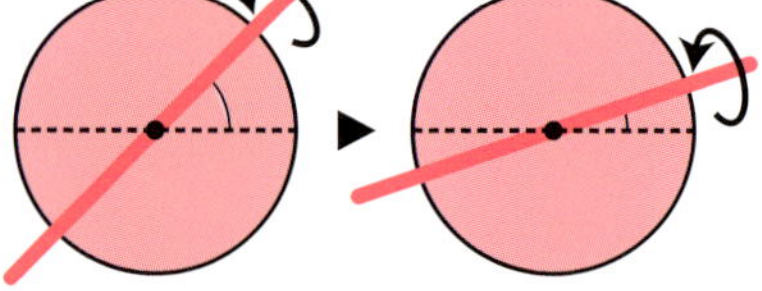

アクシスローテーションを0度方向に近づける

スピードを変える

投球でスピードを調整することも有効的なアジャスト方法。さまざまな投球方法を組み合わせてレーンコンディションにすばやく対応することが、スコアアップのポイントです。

フックアウトでポケットをヒット

スピードの速いボールは魅力的に感じますが、オイルが多く速いレーンには合わない球質です。勢いが強すぎて、理想的な状態でポケットをヒットできなくなるからです。

ポケットを狙う理想的な状態は、ボールがレーンを噛んで回転方向と進行方向が一致した「フックアウト」の状態。この状態でポケットを狙えるよう、スピードを調節していきましょう。また、遅いレーンでスピードが足りないと、ボールの勢いがなくなった「ロールアウト」の状態になります。ロールアウトした場合は、スピードを上げてポケットを狙いましょう。

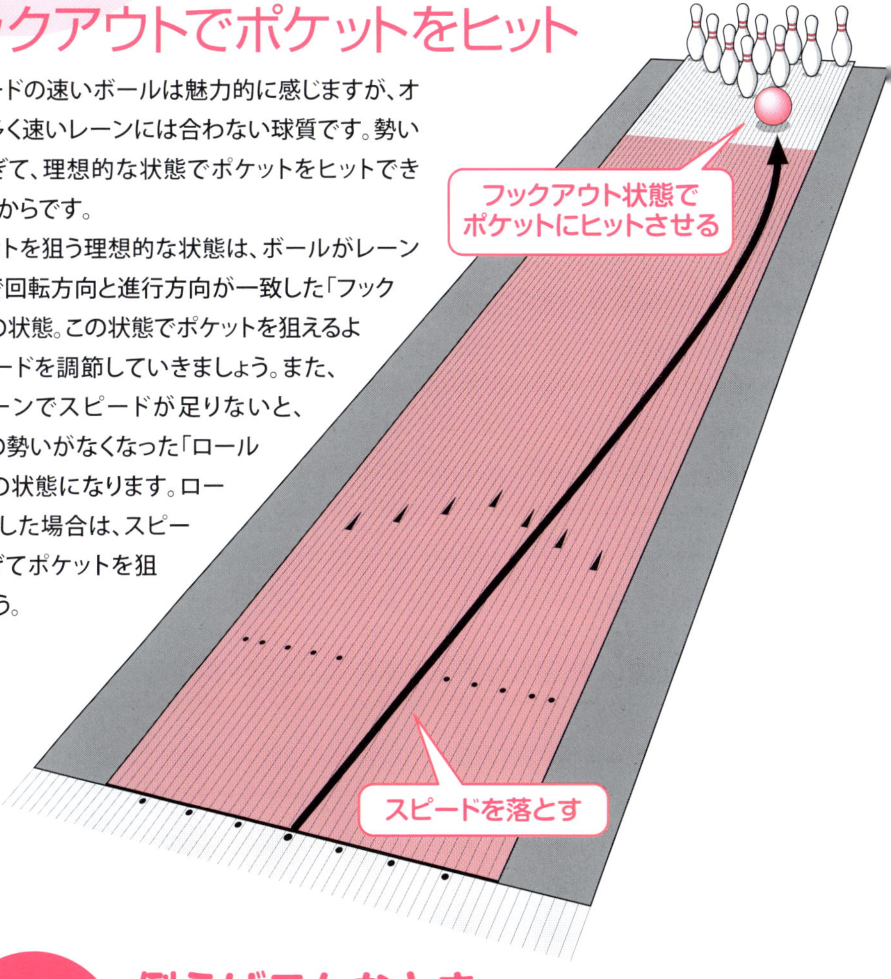
フックアウト状態で
ポケットにヒットさせる
スピードを落とす

例えばこんなとき

Check!

速いレーンの場合、オイルが塗ってあるゾーンが長く、量もたっぷり。ボールが走りすぎるので、レーンキャッチのよいサンディングされたボールに変更します。それでも曲がらないなら、さらにスピードを抑えてポケットを狙います

Column 矢野プロのスキルアップ講座❹

グッドルーザーとバットルーザー

ゲーム中、レーンコンディションを読んだり、アジャストを変えたり、さまざまな試行錯誤を重ねても勝てないことはあります。ボウリングは、基本的に優勝者は1人。ある意味、優勝者以外は全員敗者=loser（ルーザー）になってしまうわけです。敗者になったとき、どう考えるかによって、「グットルーザー」か「バッドルーザー」かに分けられます。

バッドルーザーは、負けた理由をレーンコンディションや他人のせいにし、言いわけをしたり悪態をついたりします。こんなことを繰り返していたら、周りから敬遠されてしまいます。本人だって、ボウリングが楽しくなくなってしまうでしょう。

敗者になったとき、グットルーザーは素直に勝者を称え、自分に足りなかった点を見つめ直します。反省点を考え、それを改善しようと思うことで、「次は自分が優勝するぞ」と前向きに思えるのです。

私の師匠の西城正明プロと、こんな話をしたことがあります。オープントーナメント（アマチュアも参加できるプロの試合）の優勝決定戦で、プロボウラーがアマチュアに負けた場面を見たときです。私が、「西城さんが優勝決定戦でアマチュアに負けたらどうしますか?」と問いかけると、「そりゃ悔しいけど、俺だったらその選手の手を挙げて精一杯称えるね。よくこの俺に勝った。すごいぞ!って感じでね」という答えが返ってきました。これを聞いたとき、私はとても驚き、これが一流プロの発想なのかと感動した覚えがあります。

どんなに強い選手でも負けるときはあります。負けたときこそ、自分の技術を見直すチャンスであり、また、ボウラーとしての真価も問われるときなのです。

うまくプレーできなければ反省点を考え、次のステップにつなげるのがグットルーザーです

第5章

確実にスペアを取る

スコアアップのカギは
スペアが取れるかどうかにかかっています。
ボウリングではスペアにはじまり、
スペアに終わるといわれるほど、
重要視されています。
確実に狙える技術と知識を
身につけましょう。

スペアの基本

基本的な狙い方

スペアは、1投目で残ったピンを2投目ですべて倒すこと。スコアアップのためには、スペアを確実に取ることが重要。まずは、スペアの取り方を、基本から学んでいきましょう。

キーピンを狙う

スペアを取るためには、キーピンを狙うことが基本です。キーピンとは、いちばん手前にあるピンのことです。ピンの並びがどうであれ、このピンにボールが当たらなければ、スペアを取ることができません。

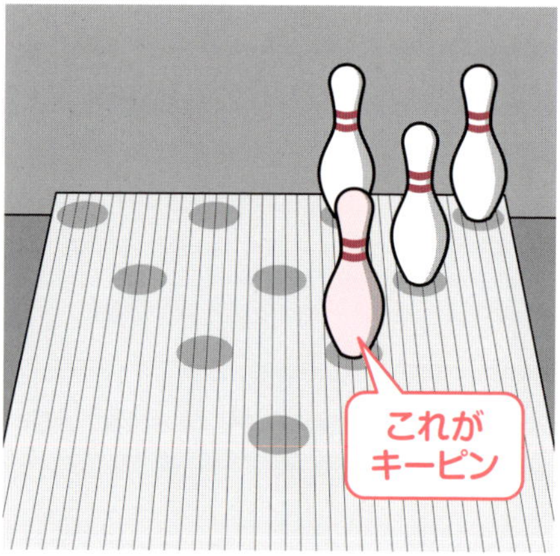

狙うのはいちばん手前のピン

対角に狙う

7番ピンや10番ピンなど、端のピンが残ったら対角に狙うのが基本です。例えば10番ピンを狙う場合、右側のラインから狙うとガターになる可能性があるため、左端から対角に投げたほうが安心です。どんな場面でも、確率が高い方法を選ぶようにしましょう。

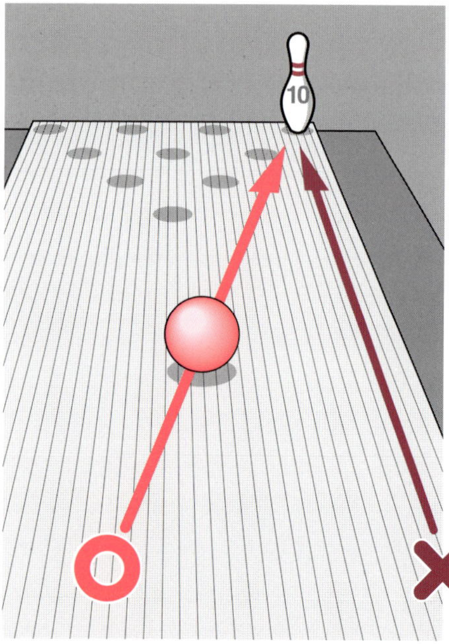

ストレートボールでもフックボールでも、右側のラインから狙うと、ミスをする可能性が高くなります

イメージを変える

10番ピンなど、いちばん端のピンを狙うのが苦手というボウラーは、意外と多くいます。苦手意識などのマイナスイメージが強いと、失投してしまうケースがほとんど。大きなカーブを描くフックボールで狙うなら別ですが、ストレートや、ショートフック（カーブが小さめのフックボール）で狙うなら、端のピンであろうと気にせず、いつも通り投げれば大丈夫でしょう。

また、頭の中で仮想レーンを想定し、端のピンがレーンの真ん中にくるようイメージしてみましょう。そう考えるだけでも、プレッシャーから解放され、失投も少なくなるというものです。

仮想レーンのイメージ

レーンを正面からではなく、真上から見た図を思い描くとわかりやすいかもしれません。ちょっと頭を柔らかくして、イメージを膨らませましょう

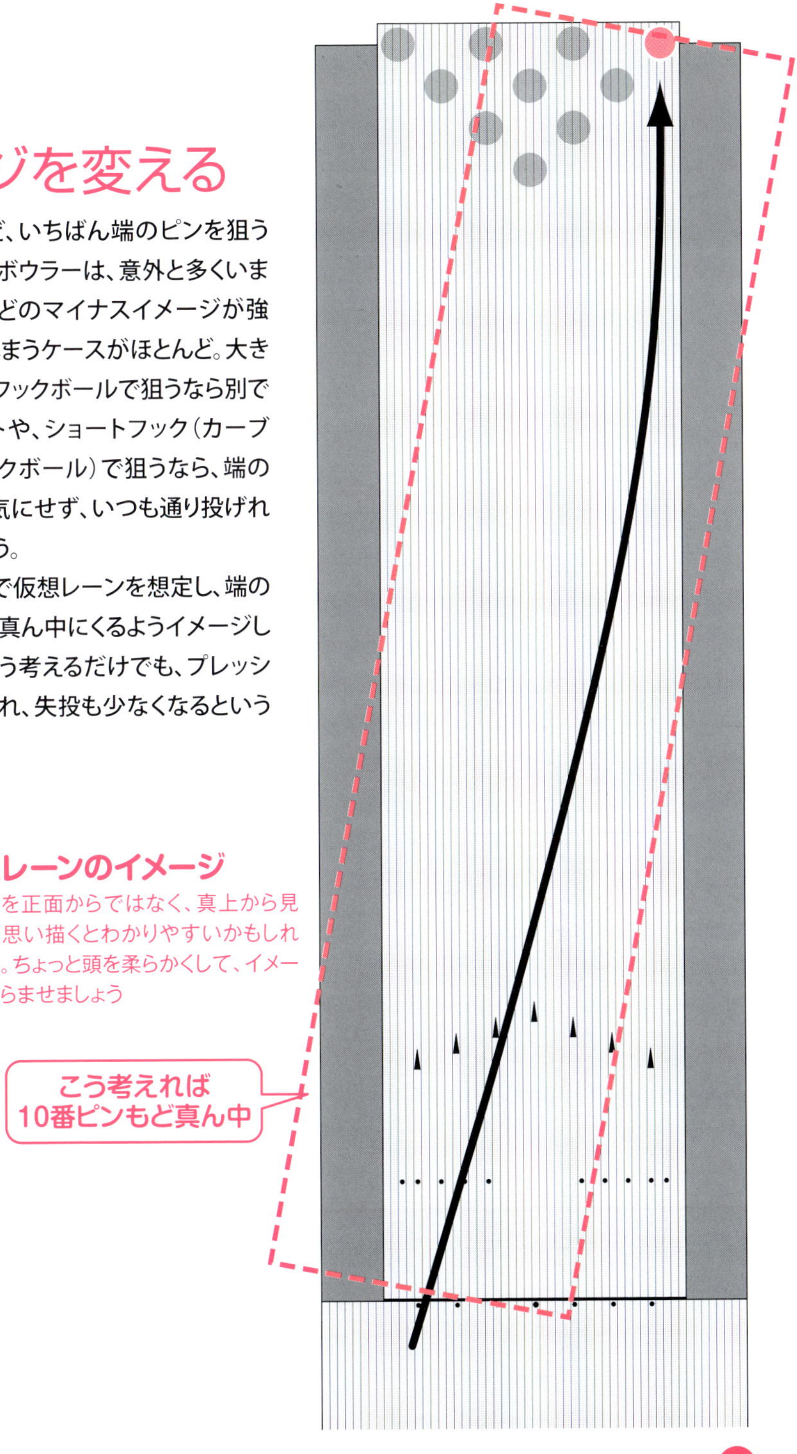

スペアを取るためのテクニック

3-6-9システムを理解する

3-6-9システムの使い方はすでに説明しましたが、ここでは根本的な理論から説明します。理論と聞くと難しそうですが、図を見ながら考えればすぐにわかる簡単な仕組みです。

まずは3:1:2の比率を覚えよう

3-6-9システムは29ページで説明したと思いますが、ここで簡単に復習してみましょう。3-6-9システムとは、1投目で狙ったピンの、隣のピンを狙うとき、立ち位置を最初の位置から板目3枚横にずらすという理論です。そして、立ち位置を変えても狙うスパットは同じです。

ではここで、なぜ板目3枚なのか、その理由を説明することにしましょう。そのためには、まず3：1：2というレーンの比率を知りましょう。これは、スパットからヘッドピン（1番ピン）、スパットからファールライン、スパットからスタンディング・ドットまでの距離の比率です。右ページの、スタンディング・ドットとスパットとピンを結んだラインを見ると、スタンディング・ドットで2ずれると、ファールラインでは1、ヘッドピンでは3のそれぞれの比率でずれていることになります。スパットを起点にすると、この比率は変わりません。立ち位置の板目を3枚ずらすと、1投目に狙ったピンの隣のピンにボールがくるのは、この比率から割り出したものなのです。

POINT
比率の簡単なイメージ

右図のようにaとbが同じ長さなら、xとyは同じ長さになります。aがbの2倍なら、xもyの2倍。同様に、aがbの1.5倍なら、xはyの1.5倍です。右ページの図を見ると、ヘッドピンからスパットまでは、スタンディングからスパットの1.5倍の長さ。だから、左右へずれる長さも1.5倍になるのです。また、同じスパットを狙うのは、この比率を一定にさせるためです。

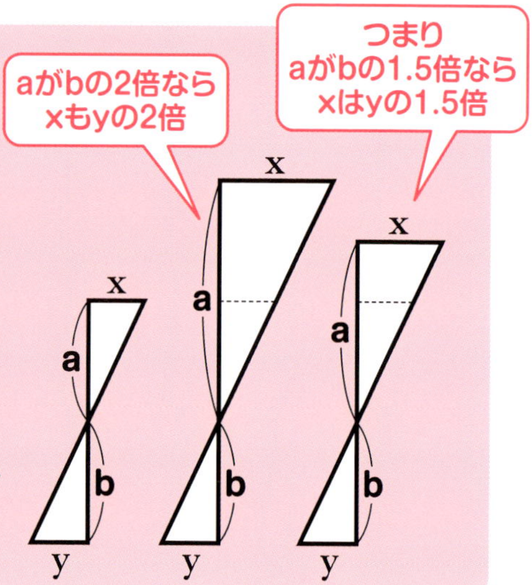

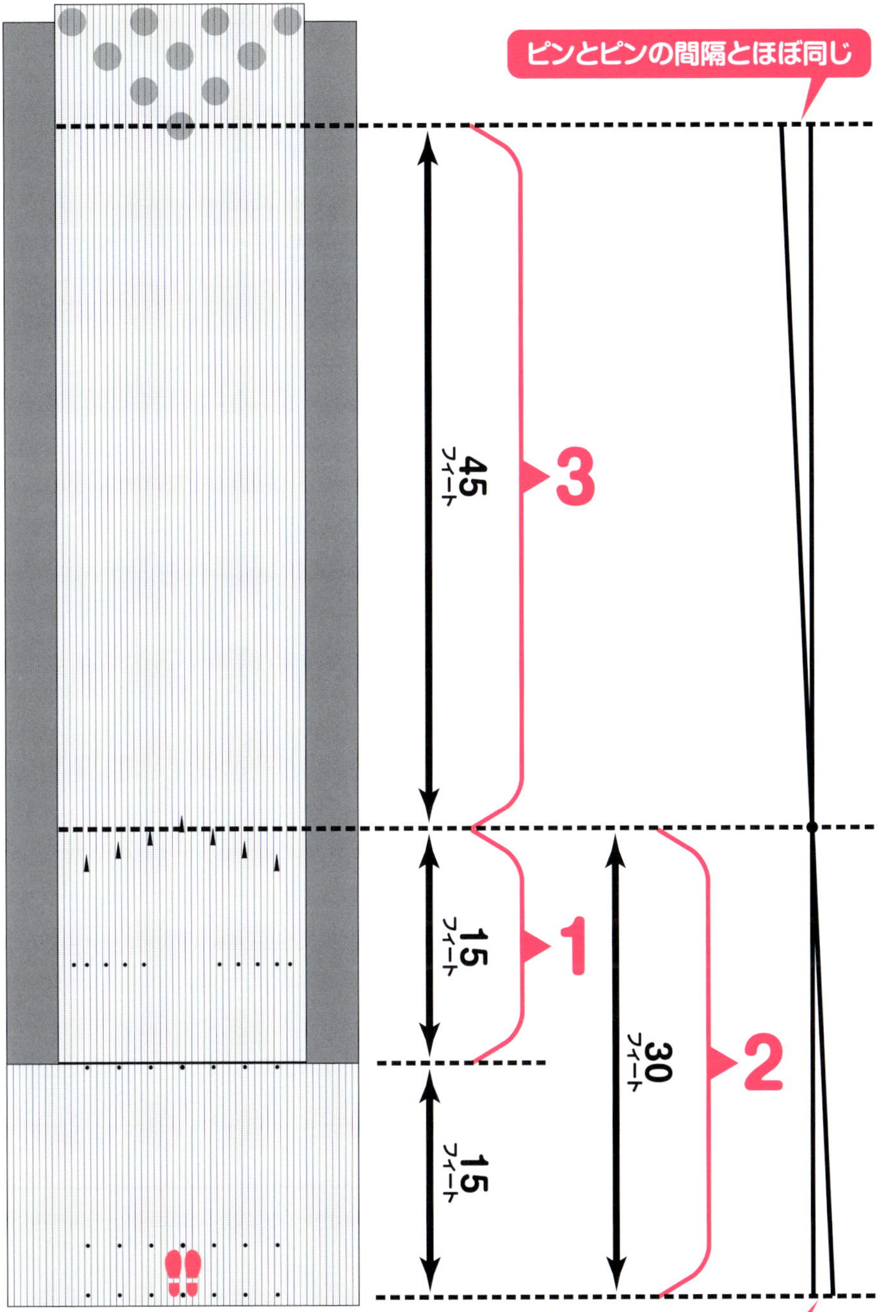

スタンディング・ドットで板目を右に2枚にずらすと、ファールラインで1枚右、ヘッドピンでは板目3枚左にずれます。この3:1:2の比率から割り出したのが「3-6-9システム」なのです

スペアを取るためのテクニック

3-6-9を使って スペアを取る

3-6-9システムは、ストレートボールだけでなく、フックボールにも対応可能な理論。この理論を覚えておけば、ボールをコントロールする能力が一気に高まります。

ポケットアングルから 3-6-9システムを使う

29㌻で説明した3-6-9システムは、わかりやすいようにストレートボールの軌道を表記してありますが、3-6-9システムはフックボールにも有効な理論です。

例えば、1投目にポケットを狙い、2投目で2番ピンを狙うときは、立ち位置を板目3枚右にずらし、同じスパットを狙って投げます。同様に、4番ピンを狙うなら右に6枚、7番ピンなら右に9枚ずらしていきます。

いずれも、同じスパットを狙って同じように投げるため、投球フォームが安定していることが大前提です。

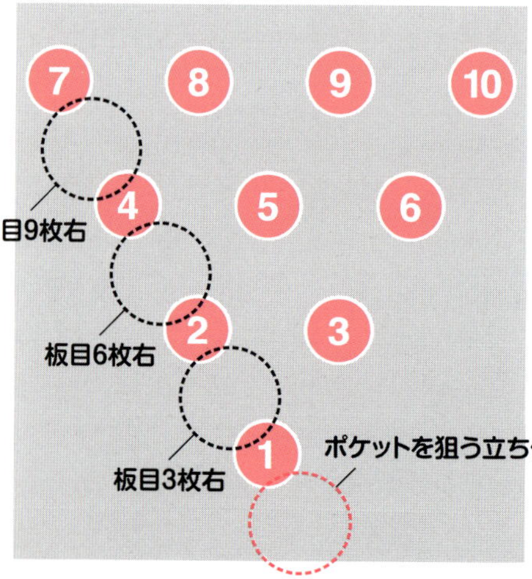

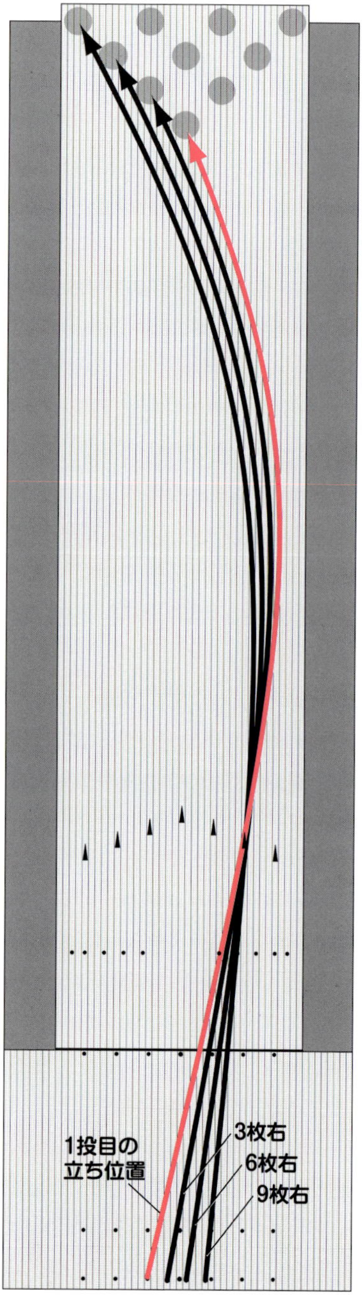

10ピンアングルから3-6-9システムを使う

10ピンアングルとは、10番ピンを狙う投球位置やライン取りのことです。10ピンアングルは左よりの立ち位置から、右から3番目か4番目のスパットを狙って投げますが、個々の投球フォームによってライン取りが変るので、自分の狙いやすい板目を見つけていきましょう。

3、6番など右側のピンを狙うときは、10ピンアングルと3-6-9システムを利用して立ち位置を調節したほうが狙いやすくなります。

なお、左投げの場合は7番ピンのことを指し、投げ方や立ち位置も逆になります。

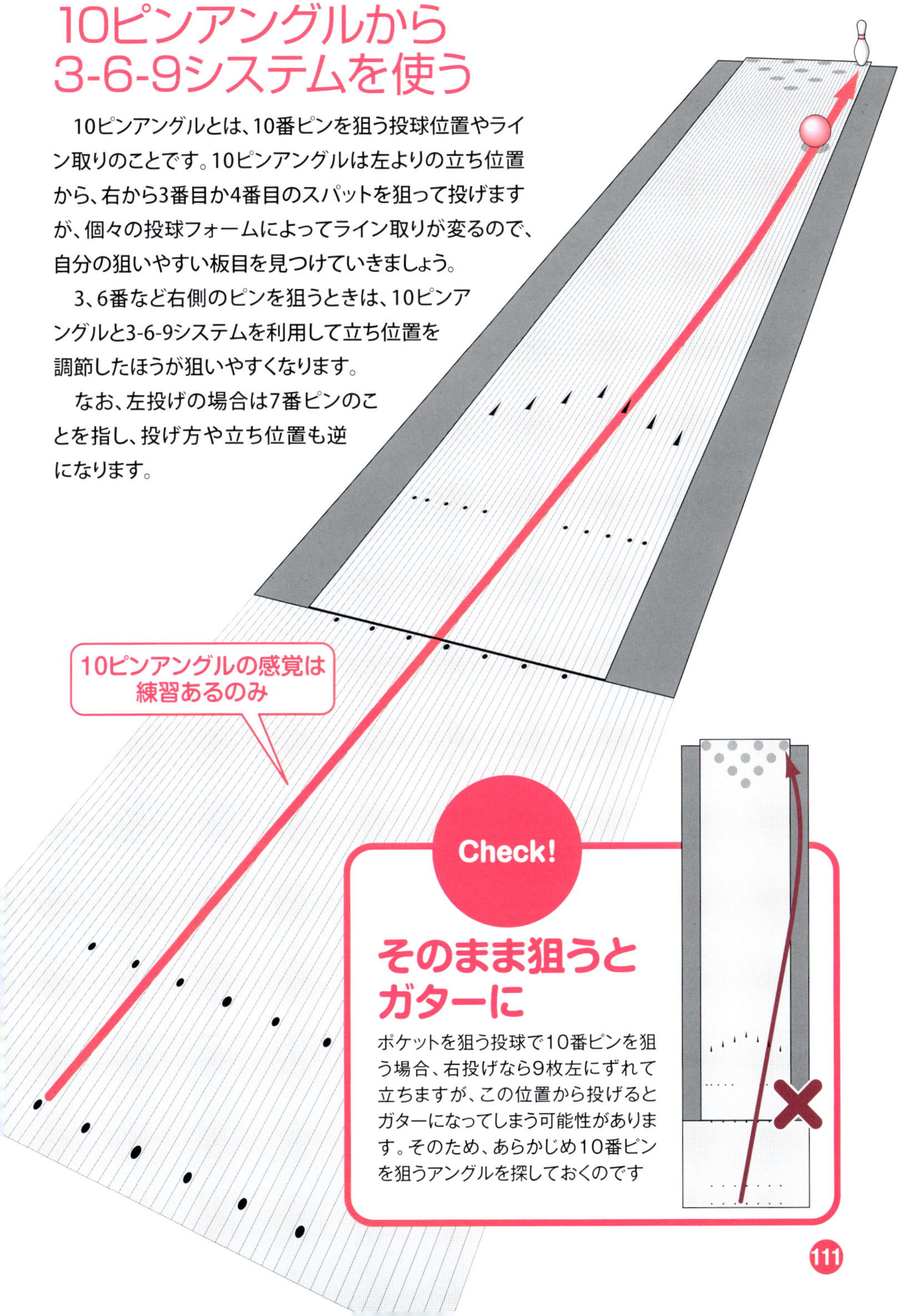

Check!

そのまま狙うとガターに

ポケットを狙う投球で10番ピンを狙う場合、右投げなら9枚左にずれて立ちますが、この位置から投げるとガターになってしまう可能性があります。そのため、あらかじめ10番ピンを狙うアングルを探しておくのです

スペアを取るためのテクニック

2-4-6システムを利用する

2-4-6システムは、立ち位置を変えずにピンを狙う投球方法です。狙う板目を2枚ずつ変えてスペアを狙います。

立ち位置は同じ

2-4-6システムは、1投目と同じ立ち位置から狙う板目を変えてスペアを取る方法です。狙う板目は、2枚ずつずらします。ボールを1番ピンに当てるため、真ん中のスパットを狙って投げた場合、次に3番ピンを狙うなら、立ち位置は変えず真ん中のスパットから板目2枚右を狙って投げます。6番ピンなら4枚右、10番ピンは6枚右になります。この投球理論を、2-4-6システムといいます。図では、わかりやすいようストレートボールの軌道で表記されていますが、フックボールでも同じように活用できます。

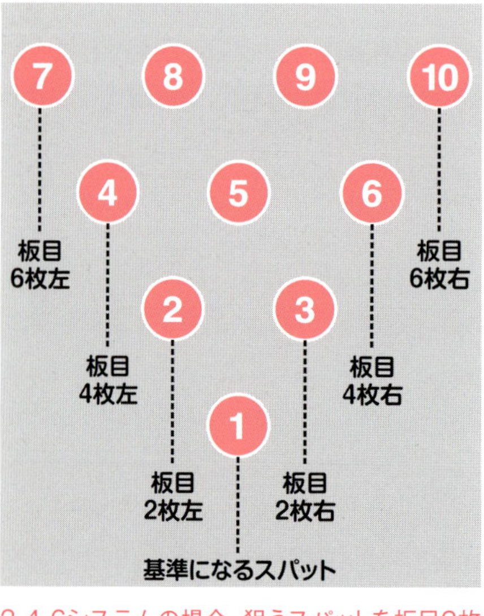

2-4-6システムの場合、狙うスパットを板目2枚ずらして投げると、ピンでは板目5枚分ずれる

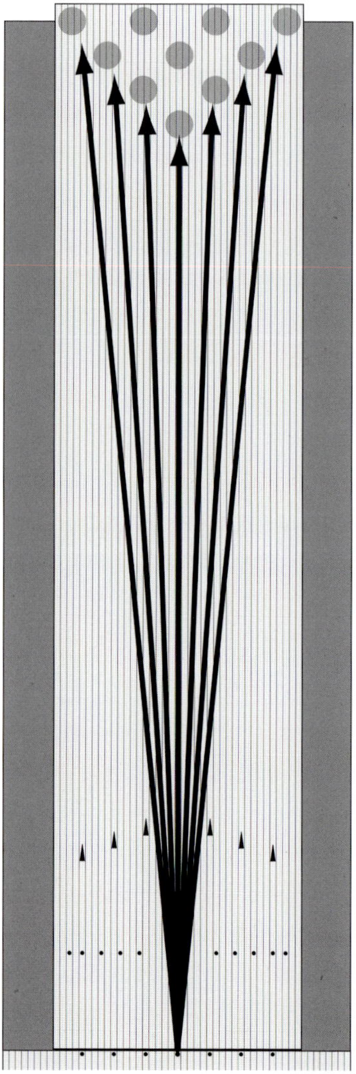

10ピンアングルから2-4-6システムを使う

10ピンアングルから2-4-6システムを使って、6番ピン、3番ピンを狙うことができます。中央のスパットは、左から数えて20枚目にあります（26ページ参照）。中央スパットを狙う10ピンアングルの場合、6番ピンなら22枚目、3番ピンなら24枚目を狙います。狙う板目は変えても、立ち位置は10ピンアングルと同じ位置です。

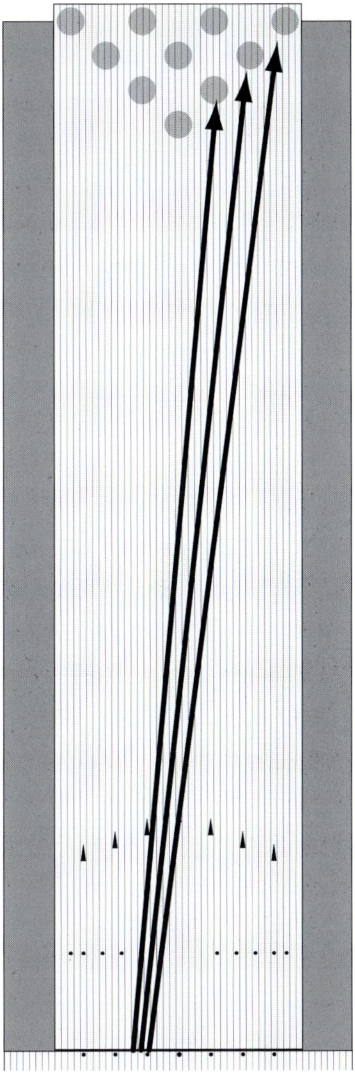

3-10ピンのスペアが苦手なら

3番、10番ピンが残ったとき、3-6-9システムでスペアを取るのが苦手なら、2-4-6システムを試してみてください。一般的なクラウンレーンなら、スペアを取れる確率がアップします

3-6-9システムと2-4-6システムの違い

	3-6-9	2-4-6
変えるところ	**立ち位置**	**狙うスパット（板目）**
変えないところ	**狙うスパット（板目）**	**立ち位置**
ずらす板目	**3枚ずつ**	**2枚ずつ**

スペアを取るためのテクニック

ストレートボールで狙う

ボウリングは基本的にフックボールでピンを倒していきます。しかし、状況によっては、ストレートボールが有効なこともあります。

まっすぐ投げる利点

ストレートボールは目標物までまっすぐ進むため、ピンが狙いやすいという利点があります。レーンコンディションに左右されにくいため、レーンの読み間違いがないというのもいいところ。

また、ピンの真正面から狙ったり、クロスで狙ったりと、自分の投げやすいアングルから投げられるなど、ストレートボールならではの利点はたくさんあります。

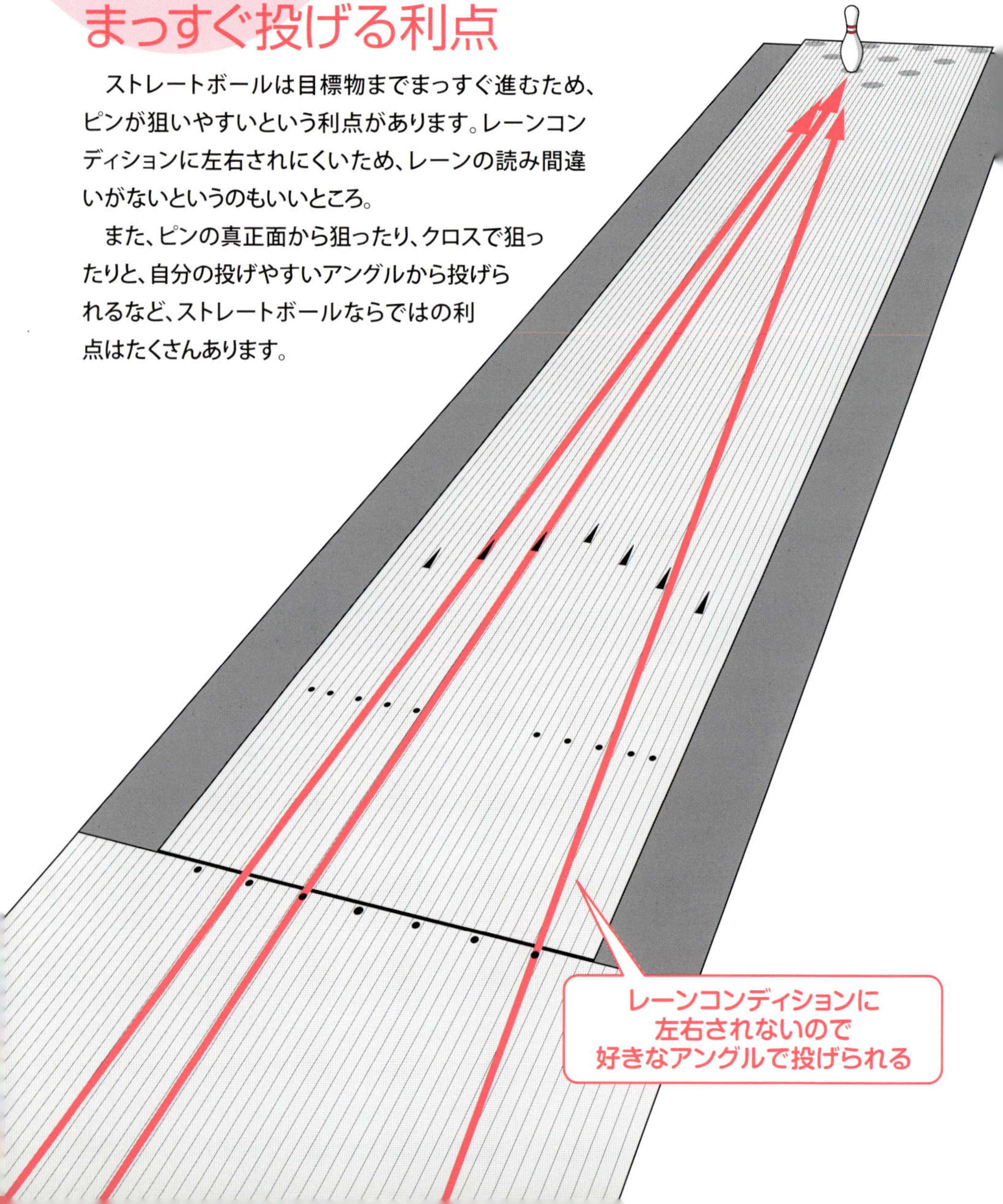

曲がりにくいボール

ストレートボールでスペアを狙うのは、確実性の高い有効な手段です。ストレートボールを投げるには、自分のリリースを変える方法と、ポリエステルなど曲がらない材質でできたボールを使う方法があります。どちらの方法でも構いませんが、リリースを変えるよりも、ボールを変えたほうが簡単です。

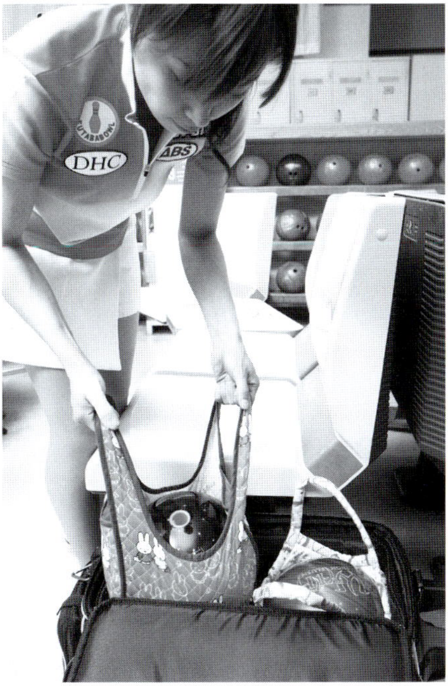

カバーボールとは、スペアを取るために使用する曲がりが少ないボールのこと。使う、使わないは別にして、カバーボールは持っていたほうがやはり安心

POINT カバーボールも練習しておこう

カバーボールを投げれば、100%スペアが取れるわけではありません。カバーボールに変えることで、レーンコンディションの読み間違いなどは解消されますが、逆に失投をレーンコンディションに助けてもらうこともなくなります。カバーボールのスペアミスは、単純に自分の失投なのです。また、1投目のボールと同じように投げられるよう、ホールサイズなど、普段からグリップの調節などもしっかり行なっておきましょう。

スペアを取るためのテクニック

確率の高い狙い方を意識する

これまでは、スペアを取るための基本を学んできましたが、より確実さを高める考え方を覚えましょう。ボウリングはスペアにはじまりスペアに終わるともいわれます。スペアを取る確率の差が実力の差となって現れます。

シングルピンのカバー

シングルピンとは、1本だけ残ったピンのことです。シングルピンをカバーする（ピンを取る）場面は、ボウラーの実力がいちばん反映されるところといっても過言ではないでしょう。この場面では、ピンアクションを考えることなく、確実にボールをピンに当てる正確さが必要とされるからです。

ここでは、確率の高い方法で、確実に狙ったピンを倒すノウハウを紹介していきます。

この場合はどの方法で狙うのが最善!?

さっきはアプローチでスライドが引っかかりぎみだった

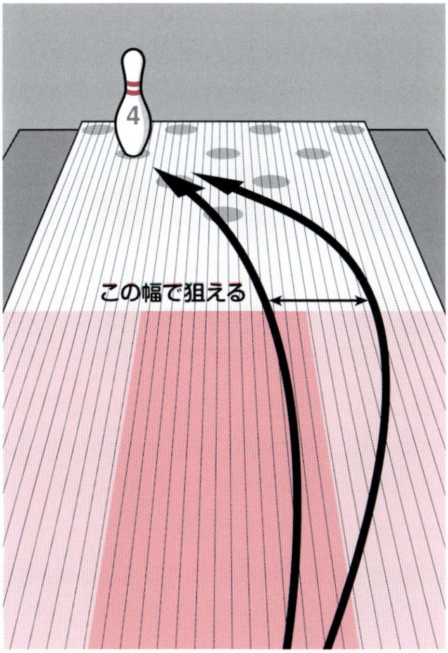
4
この幅で狙える

3-6-9システムを利用する

レーンコンディションが読めているなら、3-6-9システムを利用して投げるのが有効でしょう。オイルの幅を使って投げられるため、失投が許される範囲が広くなるからです。

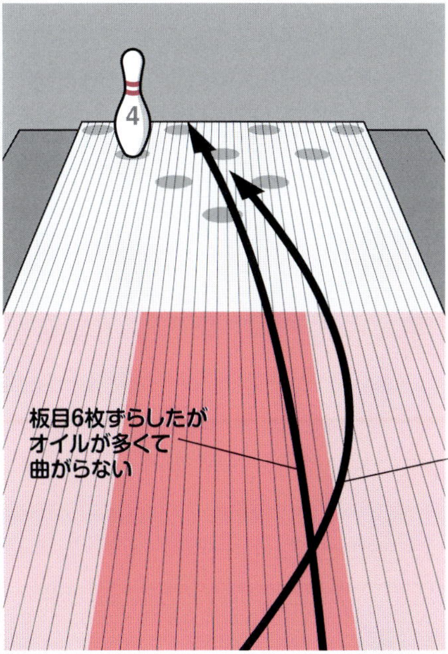
4
板目6枚ずらしたが
オイルが多くて
曲がらない
1投目のライン

3-6-9にこだわり過ぎも禁物

3-6-9システムを利用して1投目の立ち位置から板目を6枚ずらして投げても、レーン中央部分のオイルが多いと、思ったよりボールが曲がりません。ボールの曲がり具合を見て、曲がりにくければ板目7枚ずらしてみるなど、微調節することも大切です。

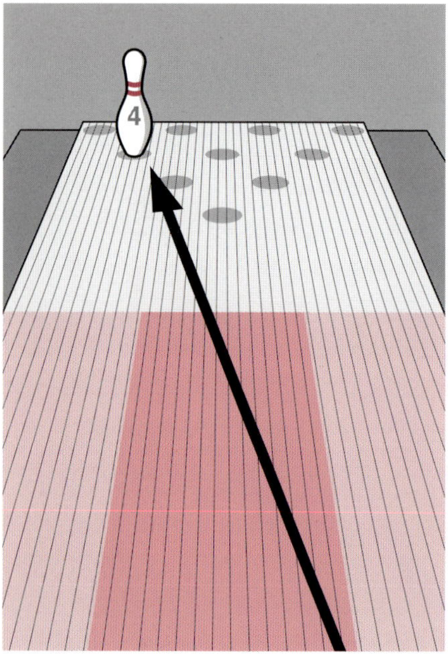

ストレートボールが安全な狙い方

1投目でレーンコンディションが読めなければ、2投目もどのようにボールが曲がるのか予測できません。ピンを確実に倒すためにも、ストレートボールで狙うのがいちばん確実でしょう。もちろん、ストレートボールに自信があることが大前提です。

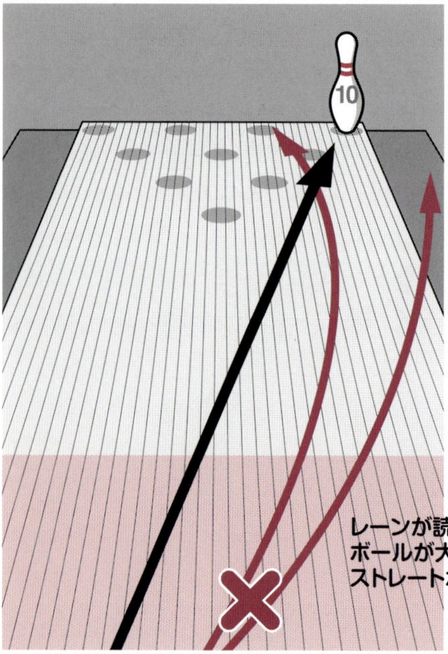
レーンが読めないときや
ボールが大きく曲がるときは

端のピンはより慎重に

右投げで10番ピン、左投げなら7番ピンが残った場合、レーンコンディションが読めていないのなら、ストレートボールで狙うのが安全でしょう。また、遅いレーンでボールが曲がりすぎてしまう場合も、ストレートボールが有効です。

2-4-6システムやストレートボールで狙う

アプローチコンディションにムラがあると、1投目と同じように投げようとしても、足のスライド具合など微妙な違いを感じることがあります。それなら、1投目のアングルから2-4-6システムを使って投げたり、ストレートボールで狙ったりすれば、アプローチコンディションで悩まされることがなくなります。

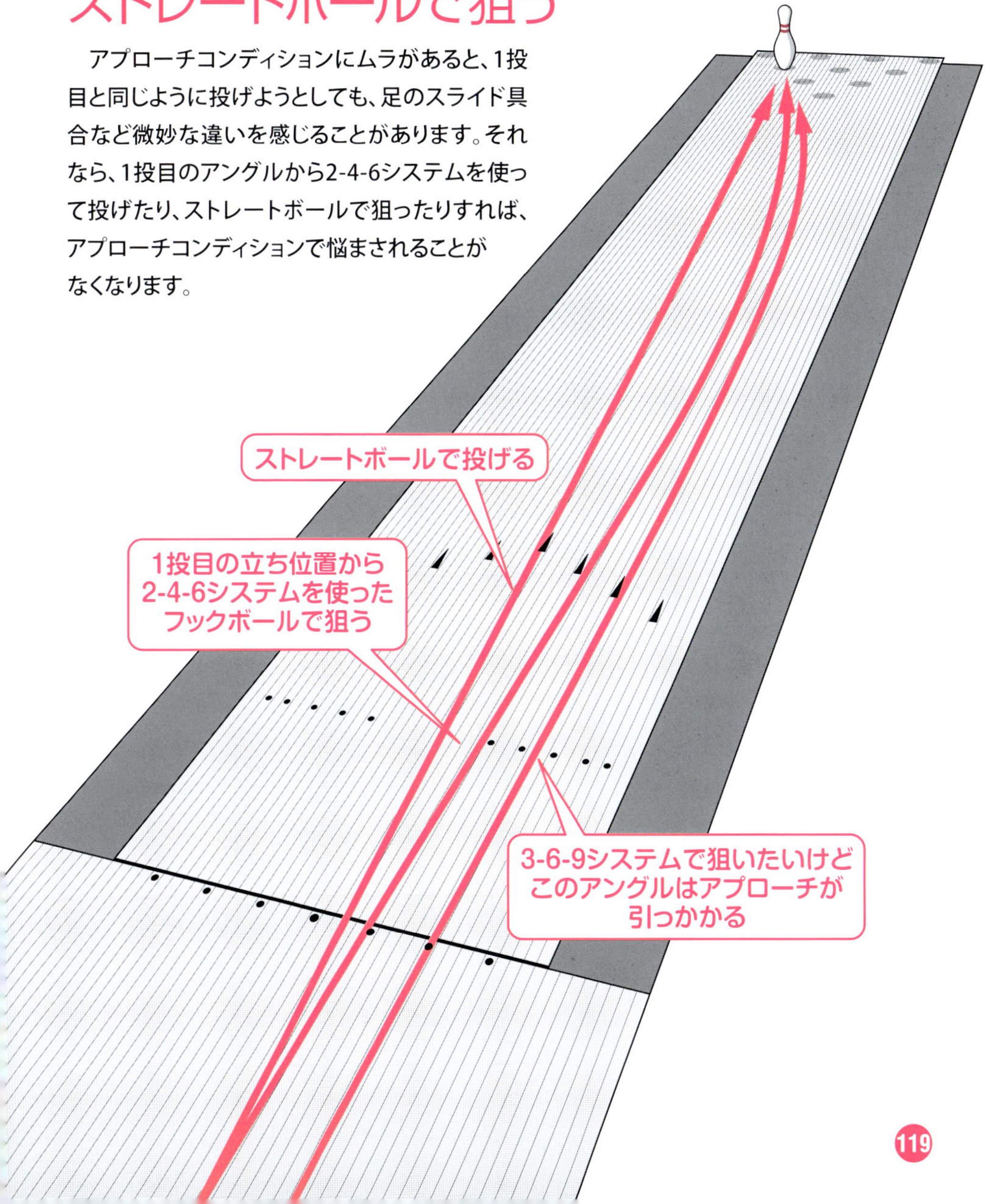
ストレートボールで投げる
1投目の立ち位置から
2-4-6システムを使った
フックボールで狙う
3-6-9システムで狙いたいけど
このアングルはアプローチが
引っかかる

マルチピンのカバー

マルチピンとは、2本以上残ったピンのことをいいます。マルチピンが残ったらキーピンを狙うのが基本です。さらにここでは、スペアの確率を高めるために、キーピン以外のピンをどのように倒すかも考えてみましょう。

ライン取りやピンアクションは右投げ用になっているので、左投げの人は逆に考えてください。

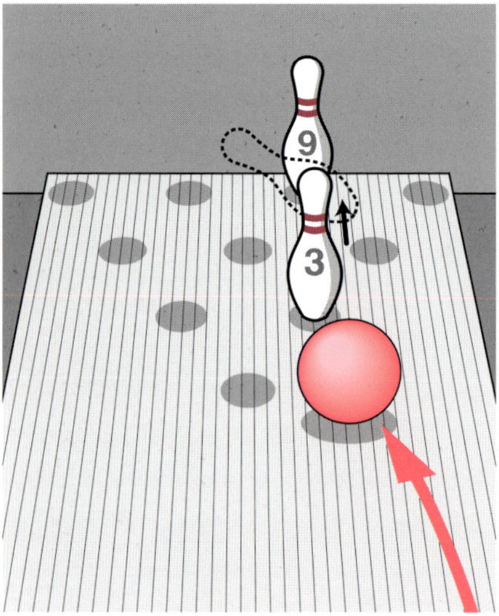

◀ 確率の高い狙い方を

イラストのように3番・9番ピンが残ったときは、フックボールで右から狙います。この狙い方なら、ボールで2本のピンを倒す場合と、3番ピンが9番ピンを倒す場合があるので、スペアが取れる確率がより高くなります

POINT ストレートボールのリスク

ストレートボールは安定した投球とはいえ、イラストのような配置のピンを狙う場合は確率が低くなります。この場合、3番ピンが真後ろに飛ぶように、ピンの真正面にボールを当てなければいけません。3番ピンの狙いが少しずれただけでも、9番ピンが取れなくなるのです。

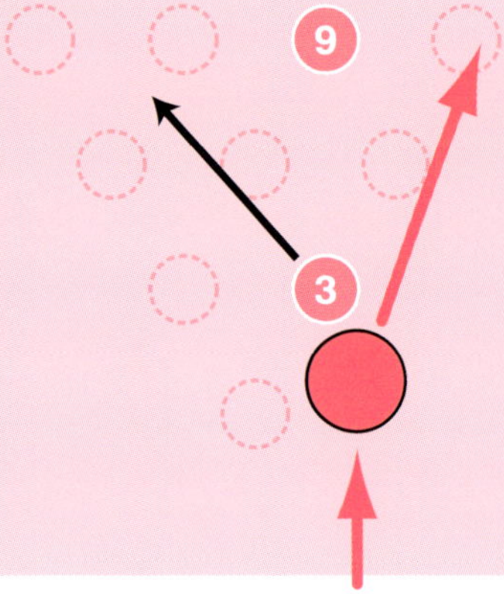

ピンとボールのどちらで取るか

前後のピンが斜めに並んで残った場合、ポケットを狙う要領で2本まとめてボールで倒します。キーピンだけ狙って投げると、イメージ通りに投げられてもチョップになるリスクがあるからです。

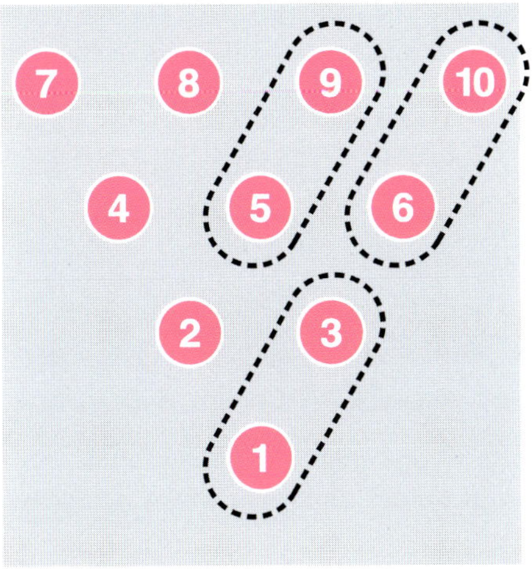

◀ 基本は2本を狙う

右投げの場合、イラストの点線で囲まれた2本が残ったら、2本ともボールで倒していきます。1、3番ピンを狙う場合はポケットを狙う投球ラインと同じです。これを参考に、他の点線部分を狙うときの立ち位置を調整していきましょう

▲ チョップが心配なら

チョップとは、ボールで手前のピンだけ倒し、後ろのピンを残してしまうこと。チョップが心配なら、左のほうからストレートボールで狙ったほうが安全です

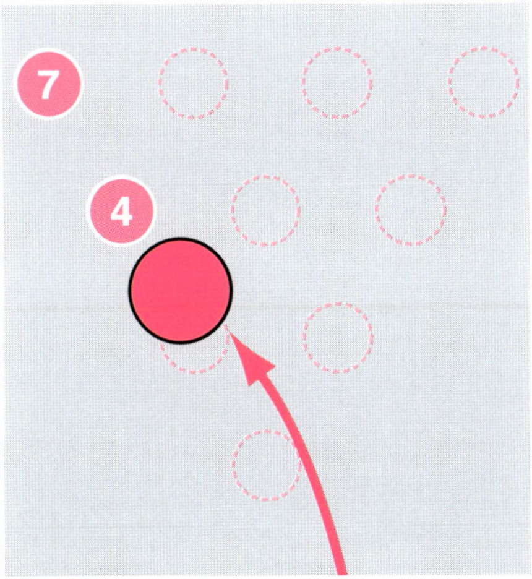

◀ 左はキーピン狙い

イラストのような状態で左側のピンが残ったら、右投げの場合、フックボールでキーピンを狙えばOKです

キーピンの後ろにピンが隠れているとき

キーピンの真後ろにピンがある場合は、フックボールで前後のピンを両方倒すラインを選びます。前後に並んだピンは、特に後ろのピンを取り逃すことが多いからです。ライン取りは、まずキーピンを狙い、次に後ろのピンにもボールが当たるようにしましょう。

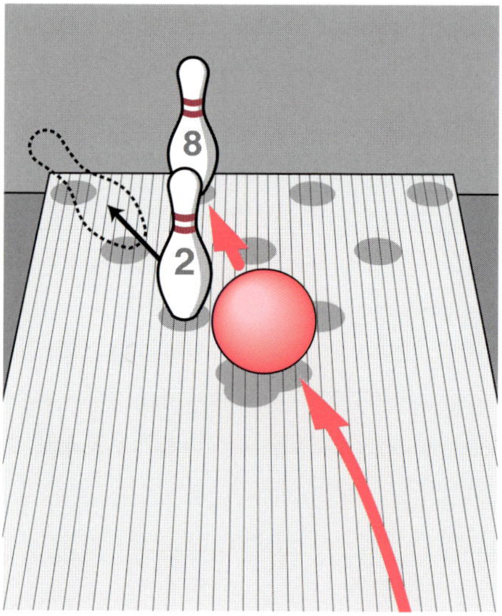

POINT いずれもキーピン狙いが基本

3本、4本とピンが増えても考え方は同じで、フックボールでキーピンを狙って投げ、真後ろのピンもボールで倒すのが基本です。前後のピンを倒すラインをベースに、ほかのピンのピンアクションも考えて投げましょう。

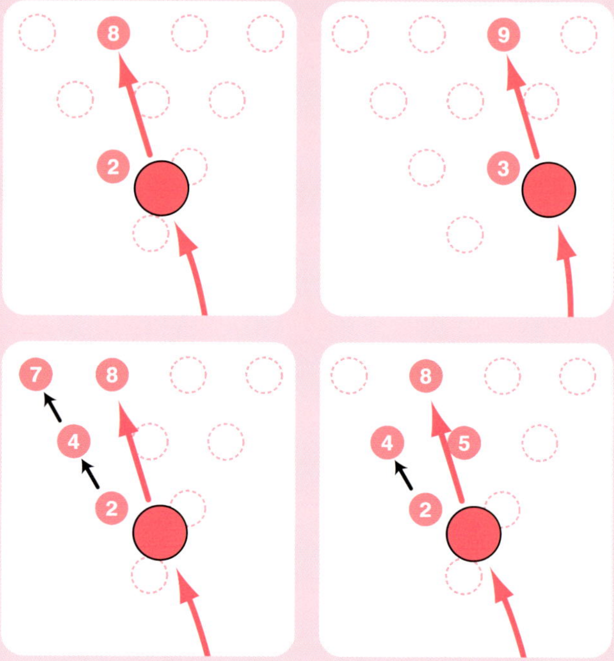

1列に並んで残ったら

左側のピンが3本以上1列に並んで残ったら、右投げの場合、フックボールでキーピンの左側を狙います。ボールはピンにはじかれながら、並ぶピンを次々に倒していきます。ポケットを狙うように1番ピンの右側にボールを当て、ピンでピンを倒していく方法だと狙うポイントが狭く、後ろのピンを残す可能性が高いからです。

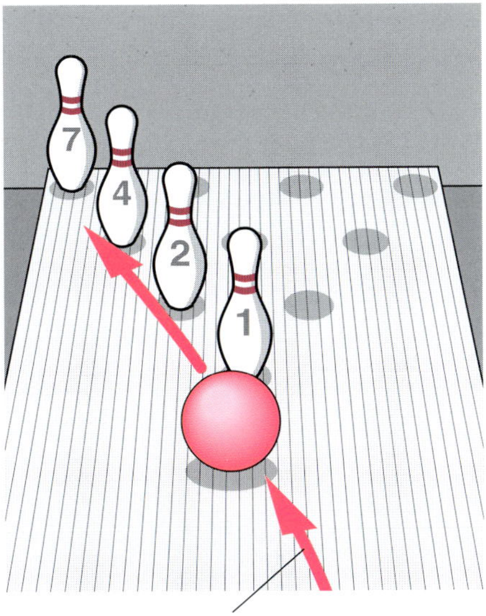
1番ピンの左側を狙う

右側のピンが3本以上並んだら

右投げで、右側のピンが3本以上並んで残った場合、キーピンとその隣のピンの間を狙うのが基本です。ストレートボールとフックボールのどちらで狙えば確率が高いというわけではなく、自分の得意なほうを選択するのが最善策でしょう。

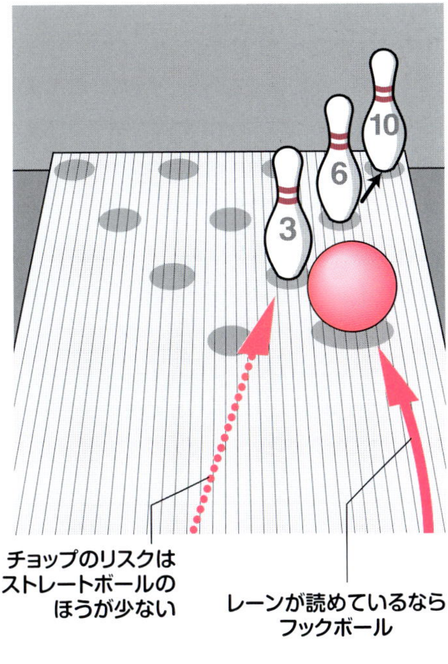

難しいスペア

スプリットとワッシャーの狙い方

ピンの間隔が離れた状態で残ってしまうのが、スプリットやワッシャー。いずれもスペアが取りにくい難しいピンの配列ですが、あきらめずに狙っていきましょう。

スプリットとは

残ったピンとピンの間が1本以上空いているのがスプリットです。ピンとピンの間が1本以上とは、隣り合うピンではなく、正面から見て1本以上空いている状態です。

7番、10番のピンが残ったスプリットなどは、スペアが取れる確率が極めて低いため、どちらか1本を確実に狙うようにしましょう。

なお、3・10番、4・5番など、ピンの間が1本分しか空いていないものは、ベビースプリットと呼びます。

▲ スプリット

ワッシャーとは

ピンの間が1本以上空いていても、1番ピンが残っている場合はワッシャーと呼びます。ワッシャーは、ピンを飛ばしてスペアを狙うのが基本です。イラストのような場合、1番ピンの左側を狙い、1番ピンをはじいて10番ピンを倒します。2番ピンはボールで倒していきます。

▲ ワッシャー

スプリットの取り方の一例

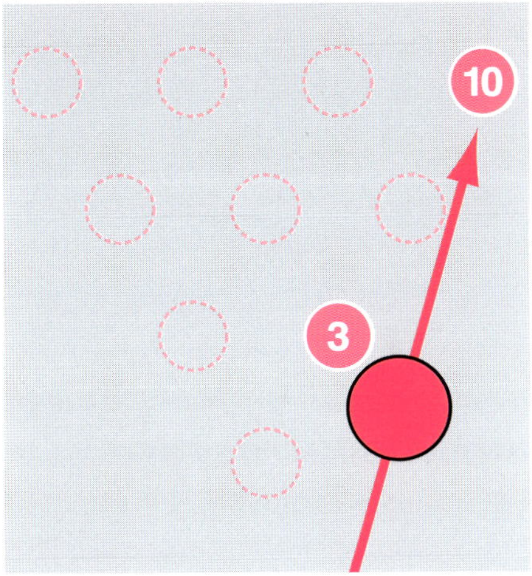

3-10番ピン

斜めに残ったベビースプリットは、2本ともボールで狙い、前のピンと後ろのピンをなめるようなライン取りで倒していきます

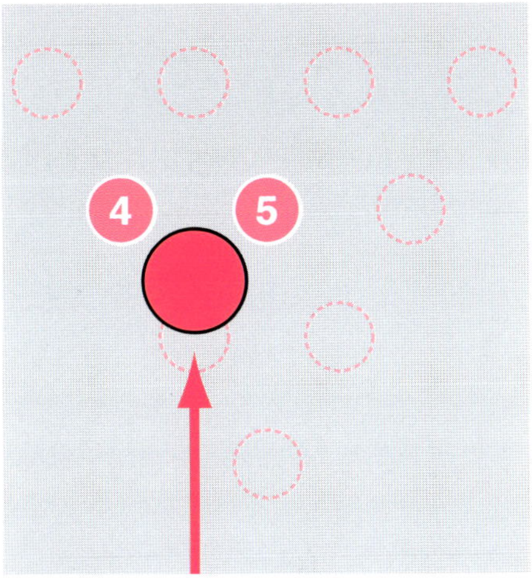

4-5番ピン

4、5番など隣り合ったピンが2本並んだベビースプリットは、ピンの間にボールを通して2本一緒に倒します。簡単そうですが、2本同時に当たるように投げるため、意外と難しい取り方です

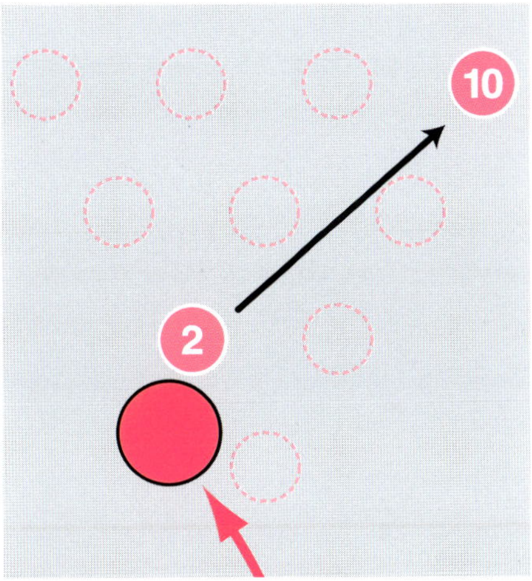

右方向にピンを飛ばす

スプリットの場合、キーピンをはじいて残りのピンを倒します。キーピンを右にはじくなら、ピンの左側にボールをヒットさせます

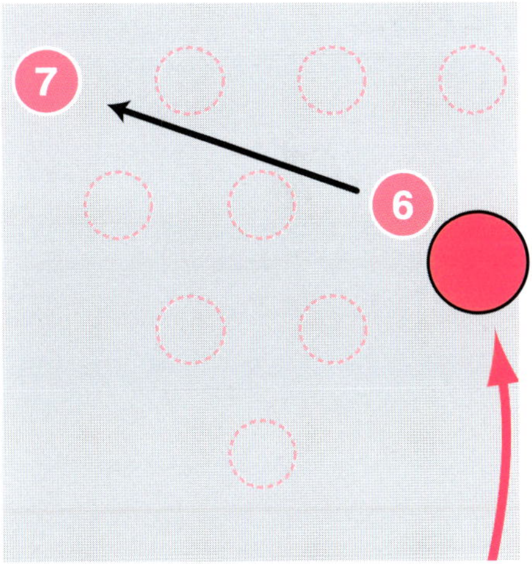

左方向にピンを飛ばす

キーピンを左にはじく場合は、キーピンの右側にボールを当てます。はじく角度を考えて狙いましょう

スコアを考えながら投球する

スペアはより確実にピンが取れる方法を考えながら投球します。しかし、スコアを競い合っている場合では、点数を考えながら投球を変えていきます。

スコアによって狙いを変える

スコアを競い合う場面では、自分と相手の点数の差を考えながら狙い方を変えていきましょう。

例えば、相手が先に10フレームまで終了し、合計得点が180点だったとします。次に自分の順番になり、現在の点数は172点。ところが、1投目で下図のようなスプリットになってしまいました。次の投球で2本倒せば181点で勝つことができます。全部倒そうと無理をして、1本しか倒せなかったら引き分け、ミスなら負けてしまいます。

8		9		10		
9	/	9	−	8	/	9
152		161		180		

8		9		10		
7	/	9	/	⑦		
155		172				

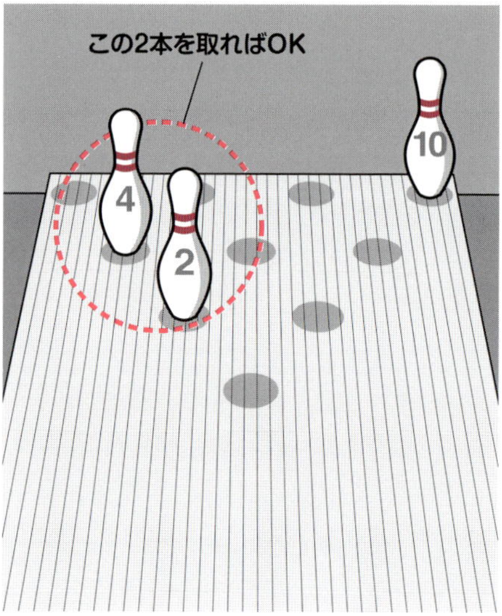

勝つには確実さを優先

勝敗が決まる土壇場だからこそ、チャレンジはせず確実さを重視しましょう。もしこの時点で自分の点数が相手より上回っていたら、もちろんトライしても構いません

視野を広げてプレーする

ゲームの勝敗を左右する場面では、勝負をかけるかどうか決断しなければいけません。大事な場面になったら、それが何フレーム目で、相手との点数はどれだけ差があるのかなど、現状を把握して投球方法を選ぶようにしましょう。

残ったピンが狙いやすいスプリットであっても、確実に1本だけ取ることを選択すべき場面もあります。確実さをとるか、チャレンジするかを決めるのは、状況を見極める判断力にかかっています。

日頃から、スコア、レーン状況、狙うピンなど、広い視野でポイントを抑え、最善の選択ができるよう判断力を養っておきましょう。そうすると、自然に勝負強さも身についていくものです。

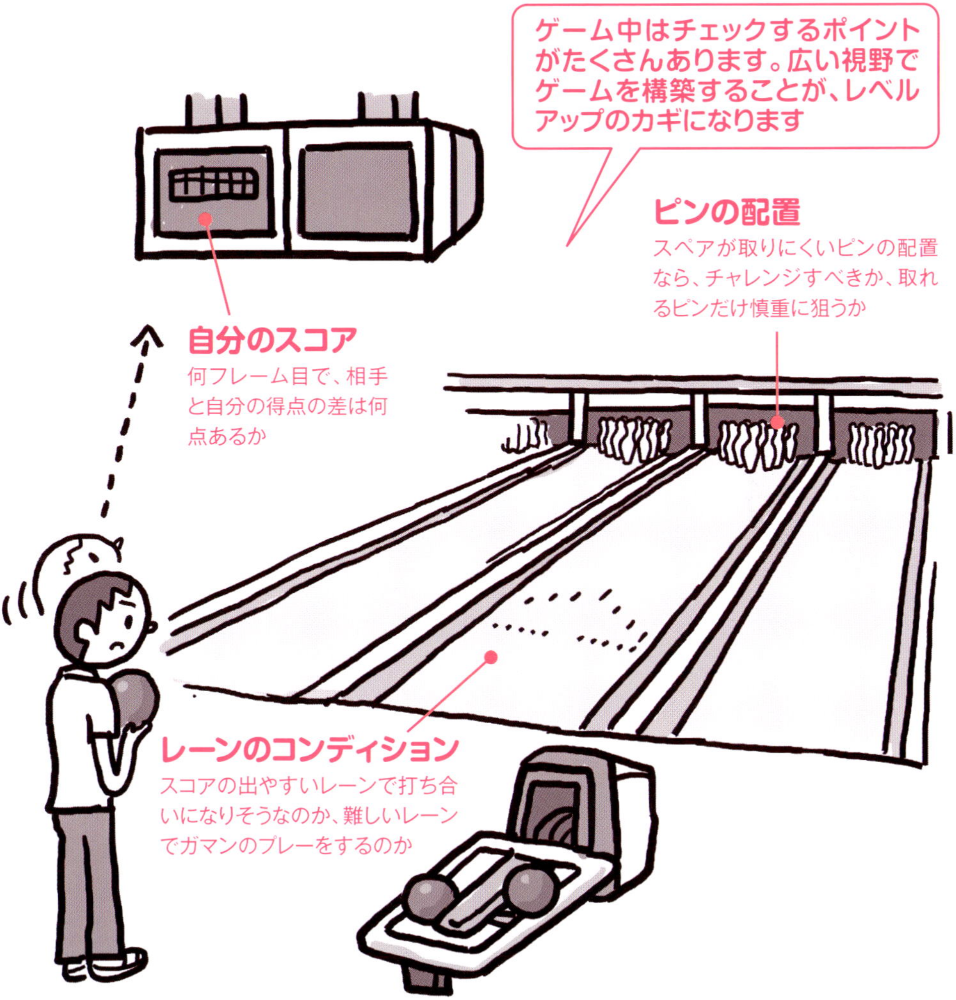
ゲーム中はチェックするポイントがたくさんあります。広い視野でゲームを構築することが、レベルアップのカギになります
ピンの配置
スペアが取りにくいピンの配置なら、チャレンジすべきか、取れるピンだけ慎重に狙うか
自分のスコア
何フレーム目で、相手と自分の得点の差は何点あるか
レーンのコンディション
スコアの出やすいレーンで打ち合いになりそうなのか、難しいレーンでガマンのプレーをするのか

Column 矢野プロのスキルアップ講座❺

高いセルフイメージがトップボウラーの条件

ボウリングは、技術を磨くだけでなく、メンタルも鍛えなくてはステップアップできません。私は、一流の選手や強くなっていった選手など、いろんなタイプのボウラーと接してきましたが、彼らに共通することがひとつだけあります。どの選手も、「セルフイメージ」がとても高いことです。

セルフイメージとは、自分のことをどう思っているかという潜在意識のようなもの。例えば、「自分はボールのコントロールなら誰にも負けない。だから、レーンコンディションが難しいときは必ず俺が勝てる」といった自信です。ほかにも、大外（板目1、2枚）のラインならいちばんうまく狙える、ボールの破壊力なら誰にも負けないなど、絶対的な自信を持てるポイントがあるとセルフイメージが高くなります。

また、アマチュア時代から「プロになるのは当たり前。自分が目指しているのは超一流のプロ」と、高い目標を掲げていた選手が、その通りに育っていく姿も見てきました。逆に、とても素質のあるボウラーが、「自分なんか、そんなレベルじゃない」と、自ら才能を閉ざしてしまった例もあります。セルフイメージを広げるのも、閉ざすのも、自分次第です。自分自身を心の底（潜在意識）から信じ、高いセルフイメージを持つことが、強い選手になる秘訣なのです。

この話は、プロに限らずボウリングをただ楽しんでプレーしている人にもあてはまります。「自分はどうせ高いスコアなんか出せっこない」と考えている人はいませんか？ 「ここは絶対の自信がある」というポイントを見つけ、才能を伸ばしていきましょう。それが、ボウリングを楽しみ、さらに上達していくカギなのです。

テンションを一定に保ち、さらにクレバーでいられる強いメンタルがプレーに現われる

第6章

マイボールを極める

マイボールは自分専用にカスタマイズされた
世界でたったひとつのボール。
最高のマイボールを手に入れるためにも、
ウエイトブロックやボールレイアウトなど、
ボールに関する知識も深めておきましょう。

ボールの基礎知識

マイボールはスコアアップのための重要なアイテム。ボールの知識を深めることは、アベレージアップに直結します。

ボールが勝敗を左右する

同じ実力のボウラー同士が戦った場合、レーンコンディションに合ったボールを選択したほうに軍配が上がります。ボールがレーンコンディションに合う、合わないによって、スコアがまったく違うからです。

現在のボウリングでは、ボールを選択する技術も大きなウエイトを占めています。ボール選択のスキルを上げるには、知識と実践が必要。ここでは、そのノウハウを覚えましょう。

表面素材の違い

ボールの表面素材をカバーストックといいます。実に多彩な種類が開発され、ひとつひとつ名称を覚えるのは専門家でも大変な作業ですが、大きく分けて次の5つのタイプを覚えておけば問題ないでしょう。

ひとつは、カバーボールで使われているポリエステル素材。摩擦を受けにくく、あまり曲がりません。残りの4つはリアクティブ系とパーティクル系に分かれ、いずれも大きく曲がります。リアクティブ系のほうが走りがよく、パーティクル系は摩擦力が高いのが特徴。それぞれに、ソリッド、パールの2タイプがあり、パールタイプのほうがより走りやすくなります。

素材のタイプ	使用する場面
ポリエステル（プラスチック）	スペア用
パールリアクティブ	ドライレーン
ソリッドリアクティブ	ドライからミディアムレーン
パールパーティクル	ミディアムからオイリーレーン
ソリッドパーティクル	オイリーレーン

※あくまで目安として考えてください。

ボール表面を加工する

ボールは、表面を加工することで特性を変えることができます。表面を磨いて光沢を出せば、レーンとの摩擦が少なくなって走りがよくなります。逆にツヤを消して表面を曇らせれば、オイリーなレーンでも食いつきやすいボールになります。

ボールの表面加工は、ボウリング場やショップで簡単にできます。

サンディングする

ボールを曇らせるサンディング加工は、ボールスピナーという専用のマシンに乗せ、サンドペーパーやアブラロンと呼ばれるサンディングパットで仕上げます。オイリーコンディションでボールが曲がらないときに有効的です

ポリッシュする

ボールの光沢をだすポリッシュ加工は、ボウリング場などに設置されている専用のマシンを使うと簡単です。遅いレーンや、オイルが薄いレーンコンディションのときは、ポリッシュされたボールのほうが有利です

ボールの知識を深める

ウエイトブロックについて

ボールにはコア（芯材）が入っており、その形は多種多様。コアの形状によってボールの動きが変わるので、マイボールを作るときはコアも重要になります。

コアの形は多種多様

ボールの芯材には、ウエイトブロックと呼ばれるコア（重り）が使われています。ウエイトブロックのタイプはさまざまで、形状によってボールの動きが異なります。ボールの特性を決定するのはウエイトブロックの形状にあるといっても過言ではないでしょう。

下記にいくつかのウエイトブロックを紹介しましたが、種類はほかにもたくさんあります。球形に近いものは動きが安定し、細長いものは、動きが大きくなります。ボールの特性はRGや⊿《デルタ》RGなど、コアの形状を数値化したものがあるので、これを参考にするのが確実でしょう。

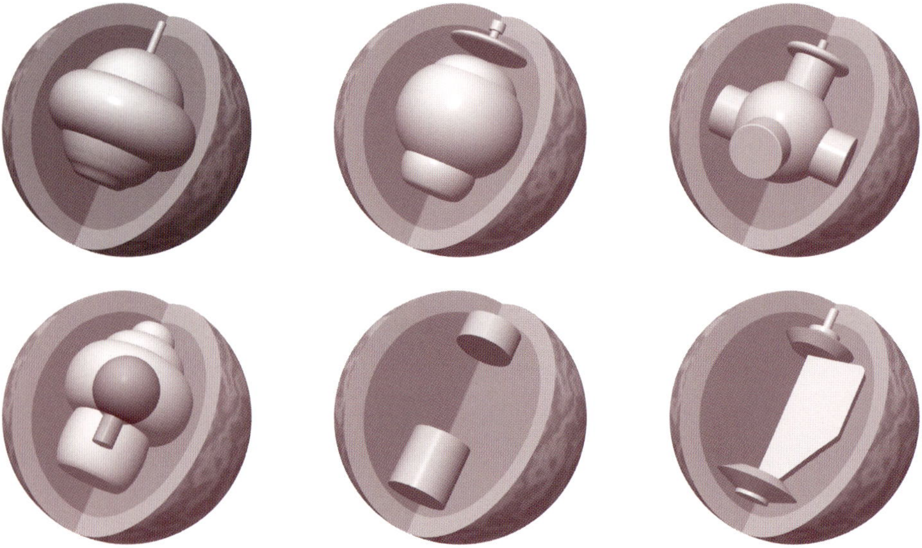

ウエイトブロックの形状が球体に近いものは動きが安定し、逆に細長いものは動きが変化しそうなど、おおよその予測はできます。しかし、きちんと数値を確認するまで詳しい特性は判断できません

RG(回転半径)は転がりやすさを表す

ボールの特性を表す数値のひとつに、RGというものがあります。RGとは、回転半径のことを指し、数値によってボールの転がりやすさがわかります。

数値が低いほど転がりやすく、ボールは早く曲がろうとします。また、数値が高いほど転がりにくくなり、スキッドが長くなります。転がりやすいものを低慣性、転がりにくいものを高慣性と覚えてください。

実戦では、スピードがあって曲がらない場合は低慣性のボールを、レーンが遅くロールアウトの状態でポケットにヒットするときは高慣性のボールを選ぶようにしましょう。

低慣性	**RG2.430**	**転がりやすい**
中慣性	↕	↕
高慣性	**RG2.800**	**転がりにくい**

マイボールを購入するときは、RGをチェックする習慣をつけましょう

POINT

RGのわかりやすいイメージ

低慣性・高慣性というとわかりにくいと思うので、ボールの転がり方のイメージを説明しましょう。よく例として挙げられるのが、フィギュアスケートのスピンのイメージです。手を広げた状態(高慣性)よりも、手を体に近づけた状態(低慣性)のほうが、早くスピンすることができます。ボールもこれと同じで、低慣性のほうが回転しやすくなるというわけです。

⊿《デルタ》RG（回転半径の差異）で フレアポテンシャルがわかる

⊿RGとは、回転半径の差を表したものです。慣性の高いところと低いところの差を示し、数値が大きいほどフレアーが出ます。つまり、数値が大きくなるほどフレアポテンシャルがあり、曲がる可能性を多くもったボールになるわけです。

以前は、⊿RGの最大値は0.080インチまで認められていましたが、ボールの性能が進化すると、スコアが出すぎてしまうようになり、現在は0.060インチまでと規制されています。ただし、0.080インチまで認められていた時代に開発されたボールならば、0.060インチを越えていても使用が認められています。

差が小さい	**0**	**フレアーが出ない**	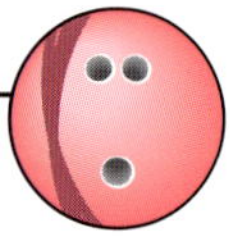
	↕	↕	
差が大きい	**0.060**	**フレアーが大きい**	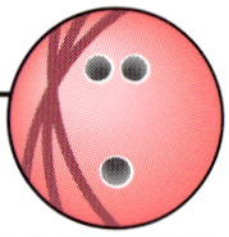

コアの形が球状なら縦横の回転半径に差がなく、数値は0になる

POINT ⊿RGのわかりやすいイメージ

⊿RGは、ボールをy軸方向に回転させたときと、x軸方向に回転させたときの動きの差をインチで表しています。ウエイトブロックの形状が丸ければ、どちらの方向に回転させても差がでません。また、図のようなウエイトブロックの場合、x軸のボールの表面にピンがあり、ドリルの際はピンの位置を参考にレイアウトを考えていきます。

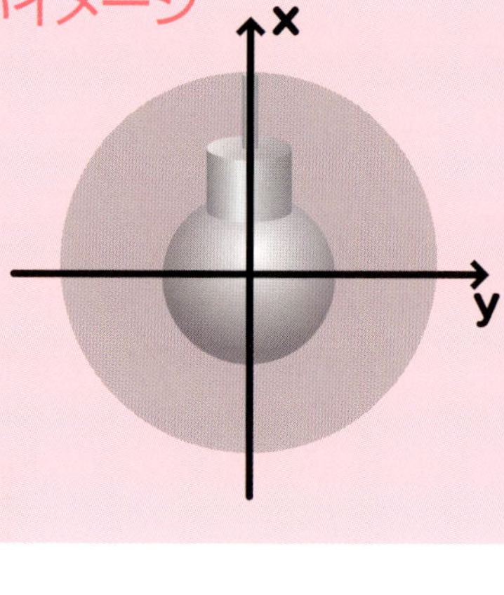

マスバイアスで軸移動の速さがわかる

前ページのように、コアの形状が左右対称の場合は、x軸とy軸でボールの特性を表しますが、非対称コアの場合はさらにz軸を用いて特性を表します。z軸で表されるコアの偏りを、マスバイアスといいます。

マスバイアス（コアの偏り）の強さは、x軸との差異を示す、マスバイアス・ディファレンシャルという数値で表されます。また、デタミネーターという専用機械で高速回転させ、ボールの回転軸が安定するまでの時間でマスバイアスの特性を表すこともできます。この時間のことをスピンタイムといい、マスバイアスが強いボールほどタイムが速いのが特徴。マスバイアスが弱い（またはない）ボールは、デタミネーターで高速回転させても回転軸が安定しません。このように、マスバイアスの強さで、回転軸の移動する速さを知ることができます。

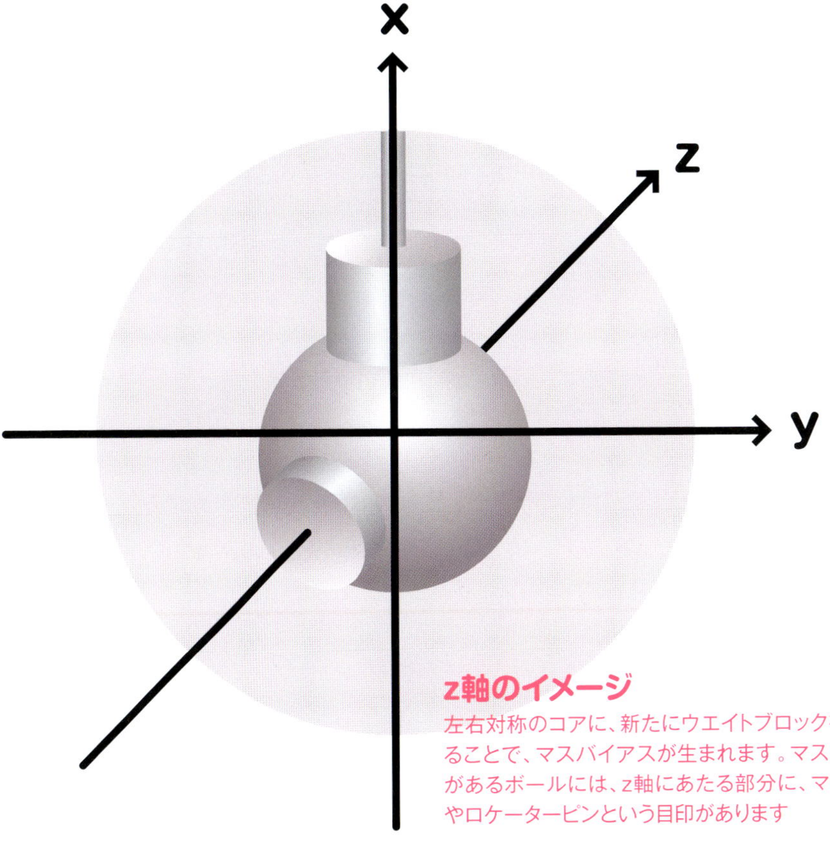

z軸のイメージ

左右対称のコアに、新たにウエイトブロックを付加することで、マスバイアスが生まれます。マスバイアスがあるボールには、z軸にあたる部分に、マーキングやロケーターピンという目印があります

ボールのレイアウト

ボールレイアウトとは、ドリルするときの指穴やバランスホールの配置のことで、ウエイトブロックやマスバイアスを考慮しながら決定していきます。レイアウトでボールの動きが大きく変わるので、ドリラーと相談しながら決めていきましょう。

PAPの確認

ボールのレイアウトを決める前に、自分の回転軸がどこにあるか調べておく必要があります。回転軸はボールが進むとともに移動していきますが、投球直後の回転軸をPAP（ポジティブ・アクシス・ポイント）といい、この位置をボールレイアウトの参考にします。PAPの場所がわかったら、ウエイトブロックの傾き具合、マスバイアスの位置など、さまざまなポイントを考慮しながらレイアウトを決めていきます。

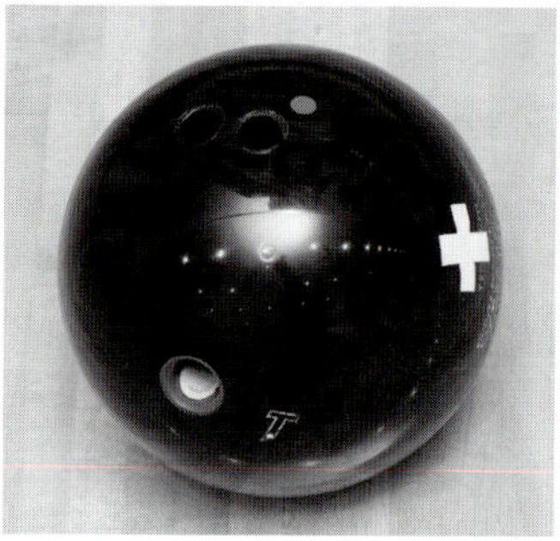

Check!

回転軸はボウラーによって異なるので、きちんとチェックしておくことが大切

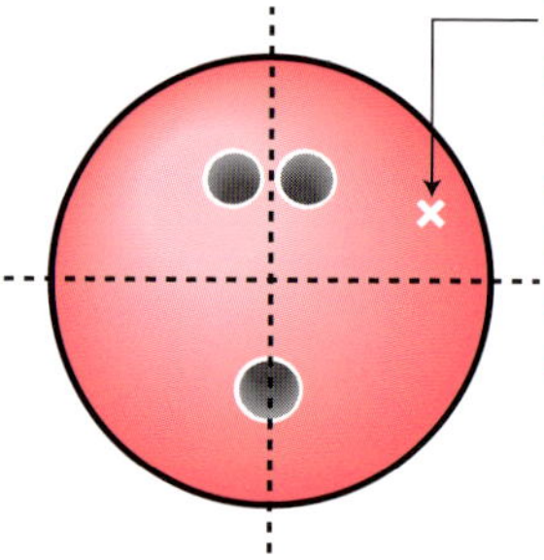

回転軸の位置は、グリップセンターから横に何インチ、縦に何インチという数値で表わす

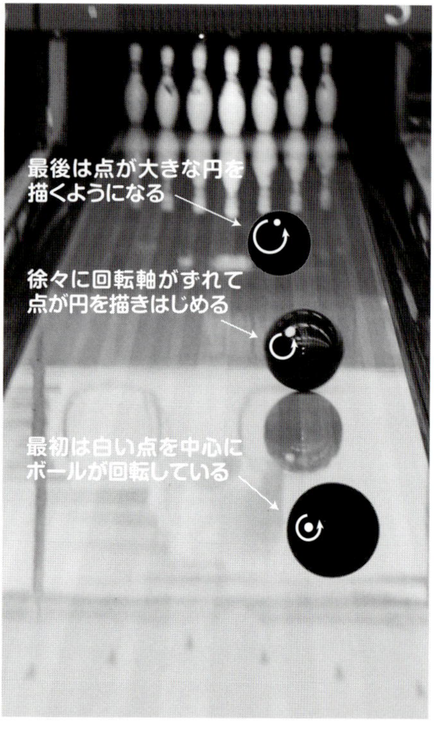

最後は点が大きな円を描くようになる
徐々に回転軸がずれて点が円を描きはじめる
最初は白い点を中心にボールが回転している

回転軸がずれていくイメージ

PAPの場所に印を付けて投げると、投球直後はそこを中心に回転し、徐々に印が大きな円を描くようになります。回転軸がPAPから移動している証拠。もちろん、PAPが動かない（軸移動しない）ようレイアウトすることも可能です

コア・アクシスアングルとは

コア・アクシスアングルとは、コア＝ウエイトブロックの傾きのことです。回転軸に対し、コア・アクシスアングルが45度のときがもっともフレアーが出て、ボールの曲がりが大きくなります。また、0度や90度に傾いていくにつれ、フレアーは小さくなっていきます。

ボールには、ピンと呼ばれるウエイトブロックの位置を示す印があり、PAP（回転軸）の位置からピンまでの距離で、コア・アクシスアングルを知ることができます。

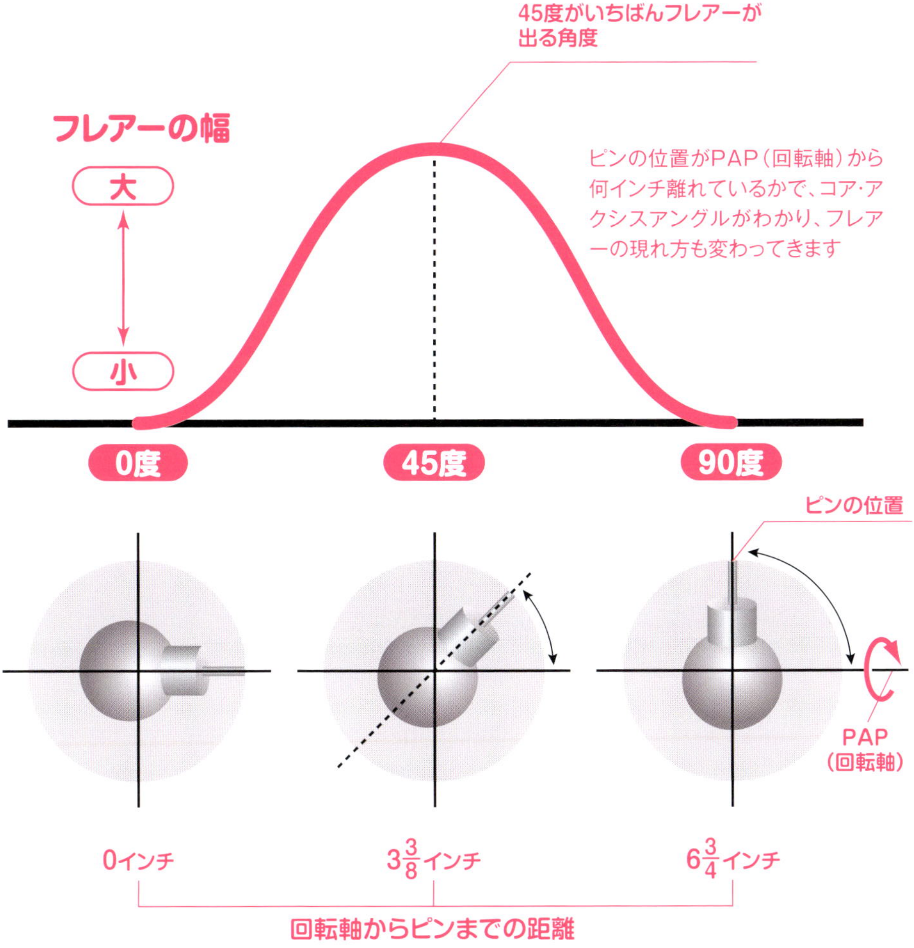

マスバイアスの効果的な使い方

135㌻で説明したマスバイアスは、効果的に使えるようにレイアウトを考える必要があります。

マスバイアスの効果が発揮されるポイントは、ピンとマスバイアス配置、さらに回転軸の移動が関係します。回転軸は右図のように、ボールが進むとともに移動していきます。ピンとマスバイアスを結ぶラインを回転軸が越えたとき、マスバイアスの効果が発揮されます。これが、ボールの回転移動が早まるポイント。

つまり、マスバイアスが効果を発揮するポイントを変えることで、ボールのフッキングポイントを調節することができるようになるのです。

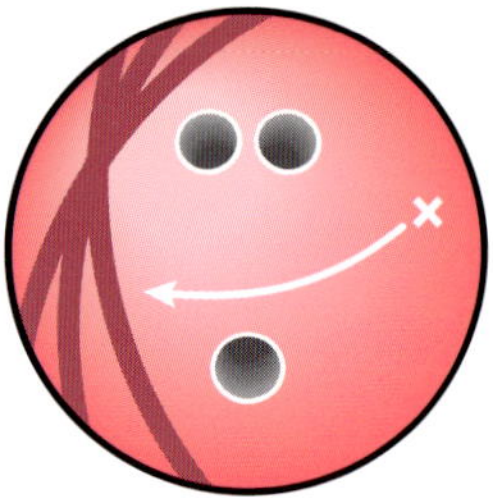

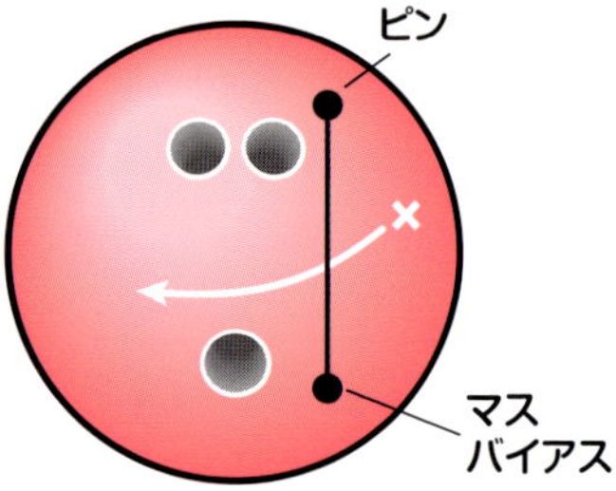

PAPが移動する軌道

ピンとマスバイアスを結んだ線を、回転軸が越えたとき、マスバイアスの効果が発揮されます

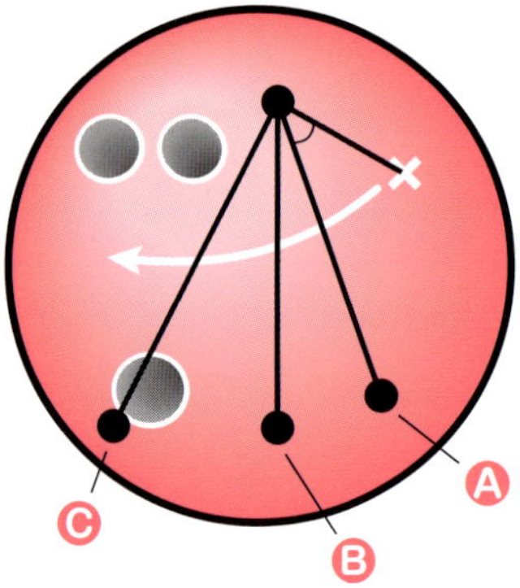

マスバイアスの位置と効果がでるポイント

マスバイアスはⒶ～Ⓒのように、好きなポイントに配置できますが、いずれもピンとマスバイアスを結んだラインを回転軸が越えたときに効果が現れます。また、マスバイアスの位置は、ピンとPAPを結んだラインと、ピンとマスバイアスを結んだラインの角度で表すことができます。

マスバイアスの位置とレーン上のボールの動き

Ⓐ～Ⓒの配置によって、マスバイアスの効果が現れるポイントが下図のように変わります。角度が大きいほど効果を発揮するポイントが遅くなります

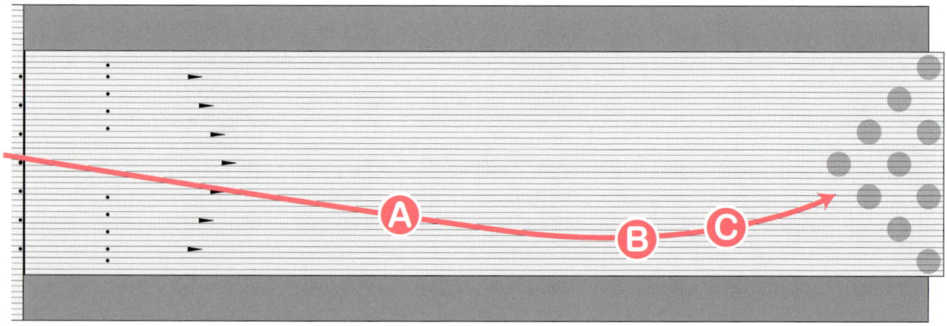

CGについて

CGとはボールのウエイトの中心のことです。わかりやすく言うと、ボールを水に浮かべたとき真下にくるポイントです。ボールにはCGの位置を示す印も付いています。

ボールの重さには規定があり、CGを上に置いたとき、10ポンド以上のボールなら、左右の重さの差が1オンス以内、前後の差は1オンス以内、上下の差は3オンス以内でなければいけません。ボールのレイアウトは、この規定内におさめるように調節します。

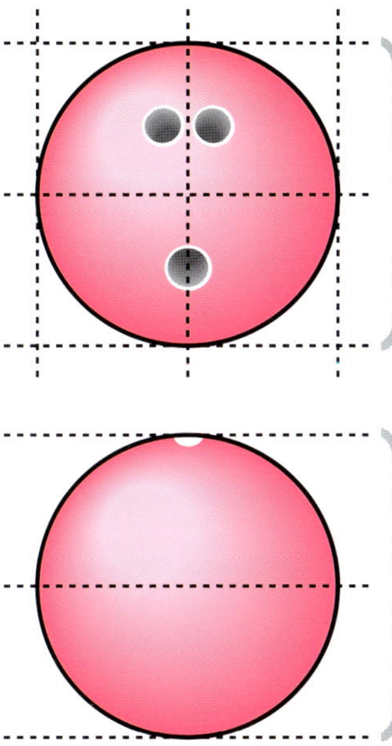
左右の重さの差は
1オンス以内
前後の重さの差は
1オンス以内
上下の重さの差は3オンス以内。
ただし、10ポンド以下のボールに
なるとまた規定が変わります

エキストラホール

エキストラホールとは、指穴以外に空ける穴のことです。もともとは、ボールの重さを上記の規定に当てはめるため、穴を空けて調節したことがはじまり。しかし、穴を空ける場所でボールの動きに変化が出ることがわかり、最近は、動きの変化を目的に穴を空けることも多くなっています。

基本的には、ピンから6 3/4インチ離れた位置にエキストラホールを空けた場合、⊿RGが増えてフレアーも大きくなり、曲がるようになります。ピンに近いところに穴を空けるとフレアーが小さくなり、曲がりを抑えます。また、エキストラホールを空ける場合は、ボールの重さが規定内におさまるよう、あらかじめ計算しておきます。

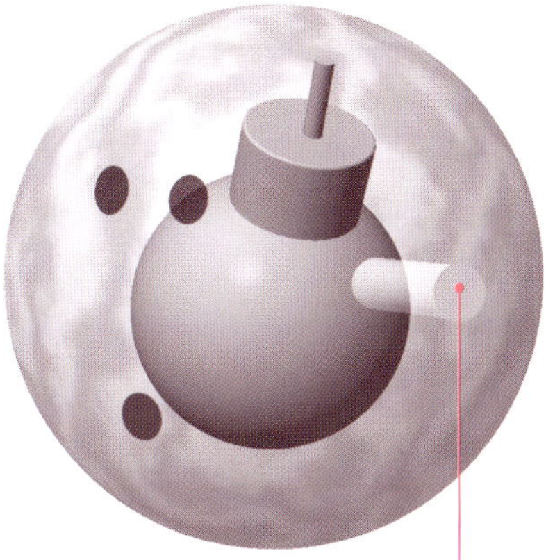

エキストラホール
エキストラホールは空ける位置によって、ボールの動きが変わります

ボールの知識を深める

ボールを使い分ける

マイボールを複数揃えると、さまざまなレーンコンディションに対応できるようになります。ボールの特性を覚えておけば、うまく使い分けることができます。

コンディションで使い分ける

ひと昔前のボウリングは、ひとつのボールを使ってプレーするのが主流でした。しかし最近は、数個のボールを使い分けてプレーするスタイルに移行しつつあります。さまざまな特性のボールを揃えることで、レーンコンディションに左右されない安定した投球ができるからです。

プロはいくつもボールを用意して大会に臨みますが、ボウリングを楽しむだけなら1～2個で十分でしょう。しかし、スコアアップを目指すなら、オイリー用、ミディアム用、ドライ用、さらにカバーボールの、最低4つは揃えたいものです。マイボールを複数持つのであれば、どのシチュエーションでどんな特性が効果的かを知っておく必要があります。

オイリーな速いレーンであれば、表面がダル（サンディングされた状態）で、RGの数値が低い、転がりやすいボールが有効です。また、動きのあるボールを投げたいのなら、⊿RGの数値が高くフレアーの大きくでるボールを選ぶなど、好みの投球方法や使用シーンを考えてボールを作りましょう。

コンディションに合ったボールのタイプ

レーン	シンセティックレーン	⟷	ウッドレーン
オイル	オイリー	⟷	ライト
ボールの素材	ソリッドパーティクル	⟷	パールリアクティブ
表面加工	ダル	⟷	ポリッシュ
硬度	ソフト	⟷	ハード
RG（回転半径）	低慣性	⟷	高慣性
⊿RG（回転半径の差異）	大きい	⟷	小さい
MB	大きい	⟷	小さい、またはなし
コア・アクシスアングル	45度	⟷	90度
マスバイアス・アングル	小さい	⟷	大きい
EH（⊿RGの増減）	⊿RGを増やす	⟷	⊿RG減らす、またはなし

すべて合うのがマイボール

好みのウエイトブロックや素材、レイアウトが決まったら、いよいよ指穴を空けていきます。指穴の角度や大きさによってグリップを調節することができます。

まずはメジャーリングから

ボールのレイアウトが決まったら、指穴を空けていきます。まずは、指や手の大きさに合わせてホールサイズやピッチ（角度）を測る、メジャーリングからスタート。

特に慎重に決めたいのは、スパンやピッチ、ホールサイズです。ホールサイズは、ややきつめに空け、後から自分で削って微調節する方法もありますが、複数のボールを使い分けるのがあたり前になった現在では、若干大きめに穴を空け、テープで微調節するスタイルが増えています。ホールサイズひとつでも、このように好みがあるので、ドリラーとよく相談することが大切です。

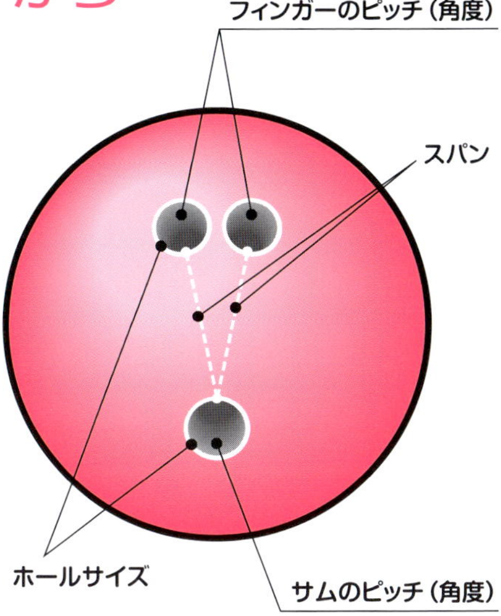

スパンを測る

スパンの長さは、専用の用具で測ることができます。スパンは、リスタイを装着するかしないかで長さが変わるので注意しましょう。また、手首をまっすぐ固定して投げる、カップリストやローダウンで投げるなど、投球スタイルによっても適正なスパンがあります。いずれも、ドリラーにチェックしてもらいながら決めていきましょう。

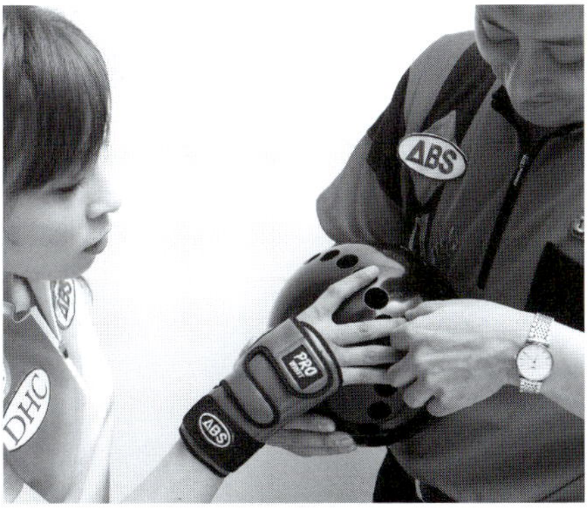

リスタイを装着して投げるなら、その状態で測ってもらいましょう

ピッチについて

ピッチとは指穴の角度のことです。指穴にまったく角度をつけない場合、ボールの中心点に向かってまっすぐ空けます。これが0ピッチという状態です。

0ピッチからグリップ中心方向へ傾ける場合をフォワードピッチ、外側へ角度をつけることをリバースピッチといいます。また、左右に傾ける場合は、それぞれの方向によってライトピッチ、レフトピッチといいます。

ピッチは、中心からずらした距離をインチで示し、例えば、1/8フォワード、3/16リバースといった表記の仕方をします。フォワードやリバースは親指の抜けるポイントに影響を与え、左右への傾きは、主に個々の指の関節によって決めています。

サムホールのピッチ

中心0の場合のサムホール

中心0の場合は、穴は中心点に向いている

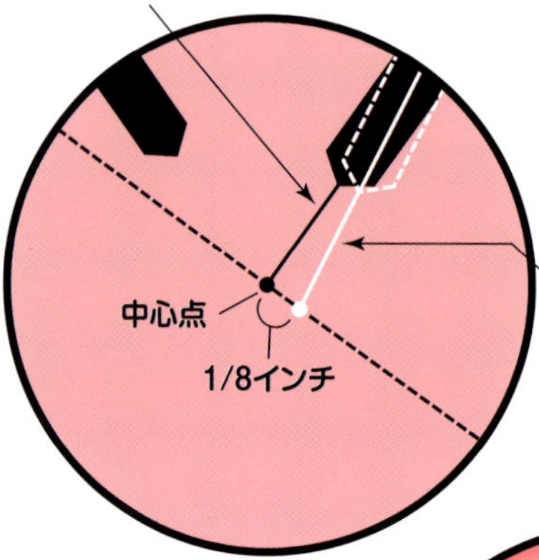

角度がついた穴

この距離が中心点から何インチずれているかが数値。この場合は1/8リバース

リリースポイントを調節

サムホールのピッチを変えると、リリース時の親指の抜けるポイントを変えることができます。フォワードピッチにすると親指の抜けるポイントは遅くなり、リバースピッチにすると早めに抜けます

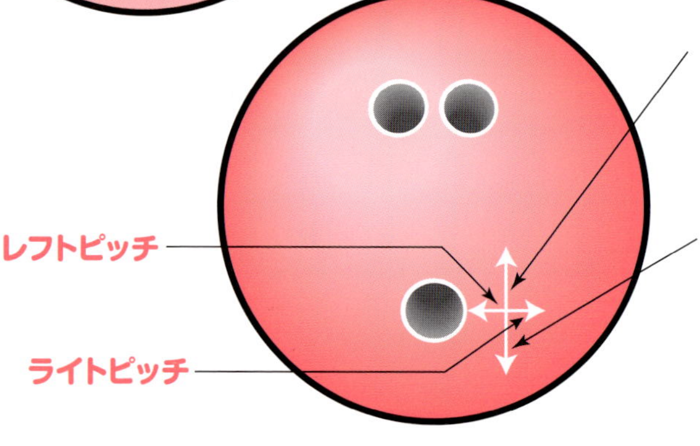

フォワードピッチ

親指の抜けが遅くなり、リリースポイントがつま先よりになる

リバースピッチ

親指の抜けが早くなり、リリースポイントがカカトよりになる

フィンガーのピッチ

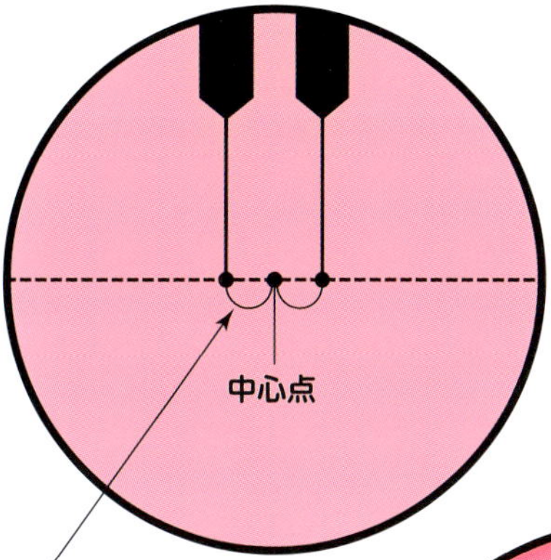

回転のかけやすさを調節

フィンガーピッチの角度で調節できるのは、リリース時の回転のかけやすさです。穴がフォワード方向に傾くと、指が引っかかりやすくなり、リリースで強い回転をかけられます。しかし、ローダウンなどで回転を与えるとき、リフトする（持ち上げる）イメージより、転がすイメージで投げるプレーヤーのなかには、フィンガーでボールを長くキープできるリバースピッチを好む場合もあります

中心0からの距離

穴を空ける位置は、それぞれの穴が中心点から何インチ離れているかで表します

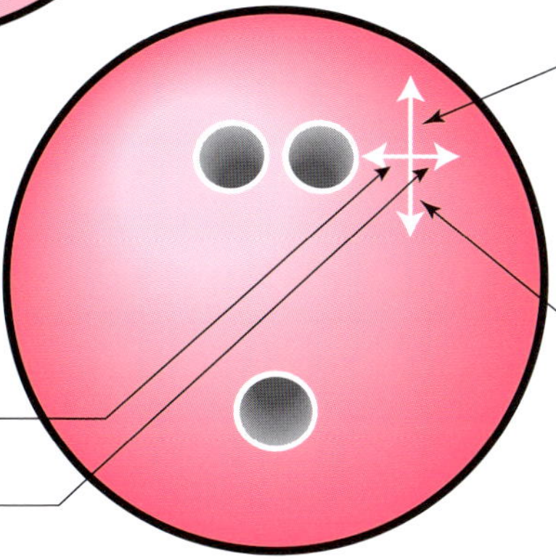

リバース方向

指はひっかかりにくくなりますが、ボールを転がすようなイメージで回転を与えられるので、手首を柔らかく使うボウラーに好まれます

フォワード方向

ボールに指がひっかかり、リリース時に回転がかけやすくなります

レフトピッチ

ライトピッチ

Check!

メジャーシートの見方

メジャーシートは、ボールをドリルするときの記録用紙です。スパンの長さ、ピッチの角度や方向など、メジャーリングした数値が書き込まれています。右図の場合、サムホールは15/16インチで、ピッチがフォワード1/8インチのライトサイド1/4インチです。

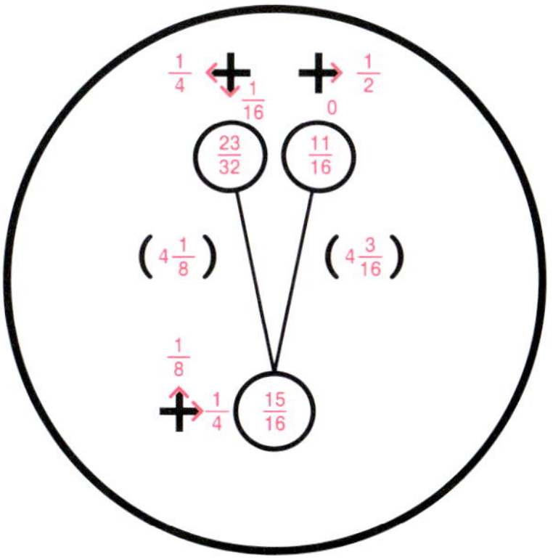

マイボールを作る

ボールのホールサイズ

指の太さは、むくんだり細くなったりと意外と変わるものです。その時々のコンディションによってホールサイズを調節し、いつでも投げやすい状態にできるようにしましょう。

フィンガーグリップとサムソリッド

多くの人が、フィンガーホールにゴム製でグリップ感のよい、フィンガーグリップというものを装着しています。フィンガーグリップは投球ごとに磨耗していくため、ゴムが減ったら交換してください。また、指のサイズが変わってきた場合、フィンガーグリップのサイズを変えて対応することもできます。サムホールに装着するサムソリッドは、ウレタン性で磨耗して減ることがありません。こちらは基本的に、装着したら交換する必要はありません。

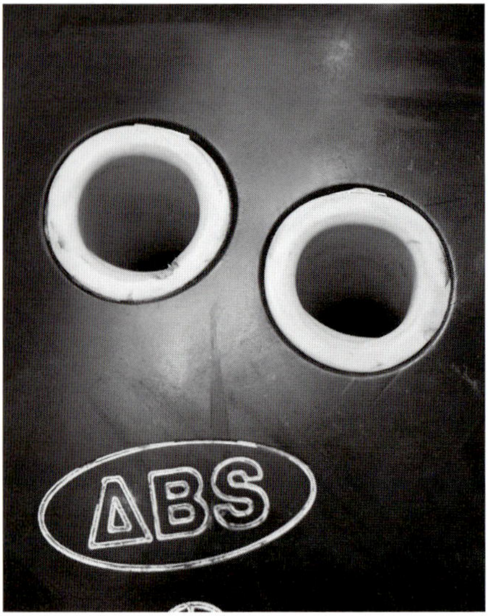

フィンガーグリップ

フィンガーグリップはボールに回転をかけやすく、また、指の太さが変わったときなど簡単に交換することができます

サムソリッド

レーンキャッチのよいボールは摩擦係数も高く、親指がひっかかりやすい傾向にあります。サムソリッドを入れたほうが、親指の抜けがスムーズになります

さらにテープで微調節

指のサイズは変化するため、マイボールを使っていても違和感がある場合があります。ボールのグリップ感覚が悪いと、リリース時の指抜けが悪くなり、イメージ通りの回転がかけられず、スコアにも影響がでます。投げやすいよう、フィッティングは毎回調節するように習慣づけましょう。

指穴がゆるい場合は、インサートテープを貼って調節します。逆に指がむくんできつくなったときは、テープを剥がしていきます。マメに微調節を行ない、常にベストな状態でプレーできるようにしましょう。

また、調節の際は、ピンセットやハサミなどの小物を用意しておくと便利です。

テープを貼るときは、ハサミやピンセットなどを使います。姫路プロはハサミを半分に分解したものを使用

POINT テープは何枚も重ねてOK

インサートテープは指の装着感を微調節できる便利なアイテム。サムホールに貼るとき、親指の爪側ならテープを何枚も重ねて貼っても構いません。1枚1枚は薄いため、ごくわずかなフィッティングの違いも調節することができます。ただし、親指の腹側にテープを貼る場合は、ピッチやスパンが変わってくるので、1枚だけに留めておきましょう。

マイボールのケア

ボールのメンテナンス

ボールを使ったらオイルや汚れをとるなどの日々のケアが大切です。安定したスコアを維持するためにも、マイボールはマメにメンテナンスをしておきましょう。

この6つは普段からマメにやっておこう

ボールメンテナンスの種類

❶汚れとり
❷オイル抜き
❸キズとり
❹表面加工
❺ホールサイズ調節
❻フィンガーグリップ交換

使い終わったらオイルと汚れをとる心がけを

プレー終了後は、その都度ボールの汚れは拭いて、キレイにしてから片付けるようにしましょう。

ボールには寿命があり、何度も投球しているとオイルや汚れが染みこんで、ボールの動きやピンアクションが悪くなります。ボールの寿命を延ばすためには、普段からボールをキレイにしておくことが大切。プレーが終わったら、ボールクリーナーを使って拭き、いつもキレイにしておくよう習慣づけましょう。

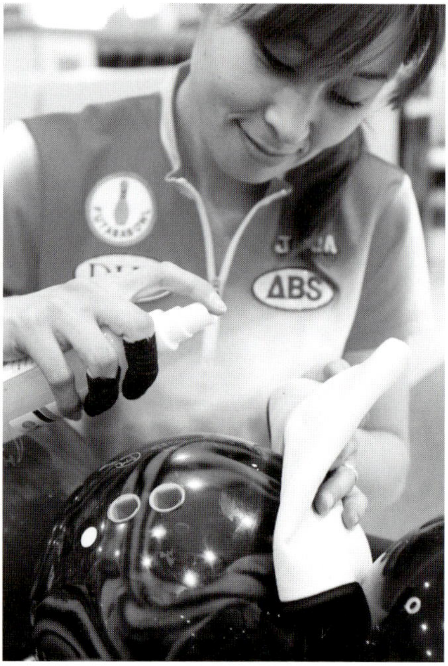

日々のケアも習慣にしてしまえば、面倒に感じません

オイル抜き

ボールは毎回きちんと拭いていても、長い間使っているうちにオイルや汚れが染みこみ、ピンアクションが悪くなってしまいます。こんな場合は、バケツなどにお湯を入れて、ボールを漬け込んでオイルを染み出させます。お湯の温度は50度前後ぐらいがちょうどいいでしょう。

しばらく漬けておくとオイルが染み出て湯に浮いてきます。その後は布で水分を拭き取り、専用のクリーナーでキレイにすれば完了です。

ベーシックな方法ながら効果は抜群

キズとり

ボールは何度もレーンを転がるうちに、レーンと設置するローリングトラックの部分に細かいキズがたくさんついていきます。特にウッドレーンは、レーン上に細かい石がめり込んでいるため、引っかき傷のようなキズがつきます。キズがつくと、ボールのリアクションが鈍くなるので、キズとりを行ないましょう。

細かなキズならボールポリッシュマシンで磨けば見えなくなりますが、手ごわいものはボールスピナーがないと消えません。このような場合は、プロショップに持っていってキレイにしてもらいましょう。

プロショップで磨いてもらうと驚くほどピカピカになって戻ってきます

マイボールのケア

持っておきたいメンテナンス用具

ボールのメンテナンスには専用の用具が必要になります。大抵、ショップで手に入るので、スタッフと相談しながらいろいろ揃えておきましょう。

これだけあればケアはバッチリ

メンテナンス用品は、ハサミやピンセットなど自宅で手に入るものもありますが、専用アイテムはやはりショップに行かないと購入できません。また、プレー中にいつでもボールの調節ができるよう、メンテナンス用具は持ち歩いておいたほうが安心です。

ここでは、マイボールのメンテナンスに必要なアイテムいくつか紹介しておくので、用具選びの参考にしてください。

❶専用ポーチ
メンテナンス用具が機能的に収納できるようになっています。大きさやカラーもいろいろあります

❷アブラロン
ボール表面のつや消しをする紙ヤスリのようなもの。レーンが速くてボールが曲がらないときなどに使います

❸フィンガーグリップリムーバー
フィンガーグリップを取り外すための専用のアイテムです。フィンガーグリップは接着剤で固定してありますが、リムーバーを使えば簡単に取り外すことができます

❹ピンセット
指穴にインサートテープを貼ったり、はがしたりするときに使います

❺ハサミ
テープを切るときに使います

❻カッター
フィンガーグリップの飛び出した部分をカットするときなどに使用します

❼接着剤
フィンガーグリップを装着するときに使います

❽三角ナイフ
ボールのホールを削ってサイズを調節したり、穴の角を落としたり、インサートテープを貼るときにつかったり、いろんな利用方法ができる便利なアイテム

いろんな種類のボールを持っていても、メンテナンス用品があれば、微調節してすぐ使える状態にできます

❾インサートテープ
指穴の内側に貼ってグリップを調節するテープです

❿ハンドコンディショナー
手に汗をかいたときに使います

⓫テープ
指などに巻いて、指穴のホールドを調節するテープです。その日のコンディションによって巻き方を変えます。また、爪が割れるのを防ぐなど、指を保護する役目もあります

⓬ボールクリーナー
ボールの汚れをとるクリーナーです。吹きつけるとオイルや汚れが浮き出てきます

ドリラーとの出会い

ボウリングのボールに穴を空けることをドリルといい、ドリルする人を「ドリラー」と呼んでいます。ドリラーはボウリングの仕事のなかでも、かなり専門的な分野です。手がけたボールによって、アベレージに違いも出るため、よいドリラーに出会えるかどうかはとても重要。

よいドリラーのポイントは、まず、自分のボウリングをしっかりと見てくれることでしょう。プレースタイルを知らなければ、その人に合ったドリルができないからです。次に、2個目のマイボールをドリルする際、自分のローリングタイプもしっかりチェックしてくれること。ここまでしてくれるドリラーなら、信頼できます。

ほかにも、日々進化するボウリング理論をしっかりと勉強し、ボウラーの悩みにちゃんと耳を傾け、的確なアドバイスをしてくれるなど、よいドリラーのポイントを挙げればきりがありません。しかし、もっとも重要なのは自分との相性でしょう。自分がドリラーを信じ、ドリラーもきちんと応えてくれる。この信頼関係が、ドリルの際のもっとも大切なポイントです。

ステキなドリラーと出会い、さらに楽しいボウリングライフを広げていきましょう。

プロショップへ行けば、いろんな相談にのってもらえる

第7章

プロを目指すなら

試合は参加するだけで、
いろんなことが学べるいい体験。
レベルを気にせず、どんどんチャレンジしましょう!
プロボウラーを目指すなら、
大会で好成績を残すことからスタートを。

試合を経験

試合に出る

試合はプレーしながら多くのことが学べる絶好のチャンス。レベルアップもできるうえ、ボウリングの楽しみもさらに広がります。気軽に参加できる試合から挑戦してみましょう。

試合経験は上達のカギ

ある程度練習を積んだら、試合に出るのがおすすめです。いちばん手軽に参加できるのは、ボウリング場が主催している試合でしょう。

レベルの高い人たちと一緒にプレーすることは、とてもいい経験です。試合は1球1球が大切になるため、考えて投球するなど、ゲームを組み立てるノウハウも学べることでしょう。また、試合の緊張感がメンタル面も鍛えることができます。試合に参加することで、さまざまな経験が身につき、レベルアップにつながるのです。

最初は仲間内で楽しんでレベルアップし、トーナメント戦やリーグ戦などの試合経験を重ねていきます。さらに上を目指すならプロも参加するオープントーナメントへ

まずはショップかセンターに相談

ボウリング場では、トーナメント戦やリーグ戦など、いろんな試合を開催しています。いちばん手軽に参加できるのはトーナメント戦。初級者向けから本格的な大会まで、内容の大小はさまざまありますが、わからないことがあればボウリング場やショップに相談してみてください。

試合はアメリカン方式が基本

ボウリングの投球方法には、ひとつのボックスで2レーンを使うアメリカン方式と、1レーンのみを使うヨーロッパ方式があります。通常、ボウリングの試合はアメリカン方式で行なわれます。アメリカン方式の場合、1フレーム目を奇数レーンで投げたら、2フレーム目は偶数レーン、3フレーム目はまた奇数レーンと、フレームごとにふたつのレーンを交互に投げます。

服装にも注意を

試合に出るなら、服装にも気をつけましょう。一般のスポーツと同様に、ボウリングにもユニフォームがあり、男性は襟付きの半袖とスラックスなど折り目のついたパンツを着用、女性はスカートかキュロット姿で参加します。ボウリング場主催の試合クラスであれば、ユニフォームの着用義務はありませんが、服装にも注意して試合に臨むのが、ボウラーとしてのエチケットです。

試合を経験

投球順番を覚えよう

初めて試合を経験したとき、とまどいやすいのが隣り合うプレーヤーたちとの投球順番。遠慮しすぎてなかなか投げられないなんてことがないように、基本的な考えを覚えておきましょう。

プロの投球順番

投球順番は、各団体やボウリング場によって若干の違いはあるようですが、基本的な考え方は以下のふたつ。まずひとつ目は、ボックスごと順番に投げるという考えです。自分のボックスで1人投球したら、両隣のボックスが1人ずつ投球し終わってから、また自分のボックスの順番がきます。

ふたつ目は、同時投球のけん制は隣のボックスまでということ。通常、同時投球をしないように左右隣のレーンを見ますが、試合の場合は隣の1レーンではなく、ボックス単位で考えます。まれに、隣のボックスのさらにその隣のプレーヤーと同時投球しないようする人がいますが、そのボックスだけゲーム進行が遅れてしまうのでやめましょう。

投球順番はゲームがスムーズに進行することを優先します。例えば、隣のボックスでトラブルがあって投球を待っている状態であれば、先に投球して構いません。

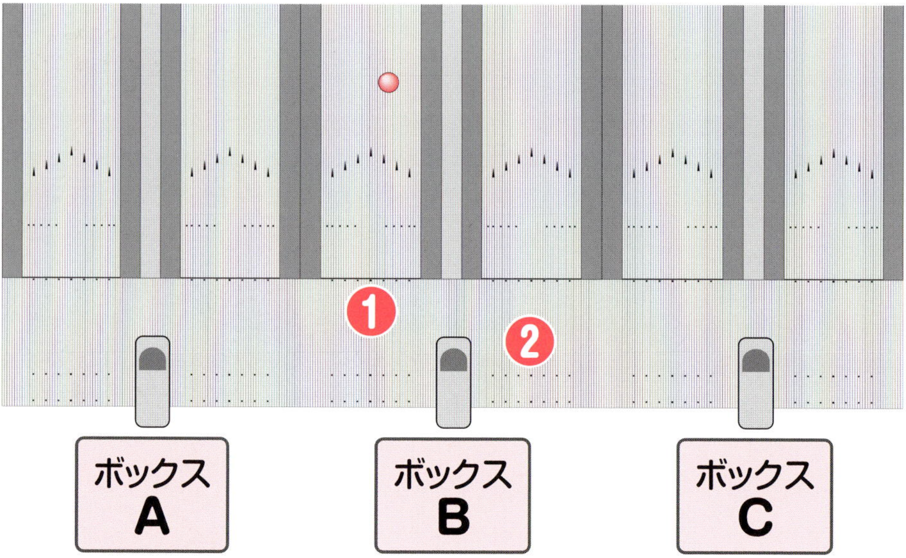

投球について

ボックスBのプレーヤー❶が投げ、次の投球順が❷なら、ボックスC、Aのプレーヤーからそれぞれ1人ずつ投げ終わってから、❷は投げるようにしましょう

よくある間違い

レーンを間違える

1フレーム投げたら、次は隣のレーンで投球。このルールに慣れないうちは、うっかり1フレーム目と同じレーンに投げてしまうことがあります。コンピュータ画面で投球レーンを確認する習慣をつけましょう。投球レーンを間違えた場合、正しい投球とみなされず、正しいレーンで投げなおしになります。

投球の順番を間違える

ここで説明する投球順番は、隣り合うプレーヤーたちの順番ではなく、ボックス内の順序です。同じボックス内のほかのプレーヤーの番に間違って自分が投げてしまった場合、デッドボールとして扱われ、正しい順序で投げなおしになります。

POINT 困ったらショップに相談を

試合に興味があっても参加方法がわからなくて1人で悩んでいるなら、まずはボウリング場やショップで相談するのがいちばん。自分のレベルにあった試合や、注意点など、いろんなアドバイスがもらえます。初めて試合に出るなら、わからないことがあって当然です。恥ずかしがらずにどんどん質問して、たくさん情報を集めましょう。

試合を経験

試合中のアクシデントとルール

マシンの誤作動など、試合中にアクシデントが起こったら、スタッフを呼んで対応してもらいましょう。ここでは、試合中に起こりやすいアクシデントをいくつか紹介しておきます。

ファールラインの延長線を越える

ファールラインを踏んだり越えたりしなくても、投球後に体勢を崩してデビジョン（レーンとレーンの間にある板）の上に足が乗ってしまったなど、ファールラインの延長線上を越えた場合もファールになります。ファール判定機は作動しませんが、スコアを修正しなければいけません。

レーンとレーンの間の1段高くなった部分がデビジョン。ここに足が乗って、ファールラインの延長線を越えたらファール

ピン不足

マシンの誤作動でピンが足りないことがあります。投球後にピン不足に気づいても、投げなおすことができます。

誤作動

まれに、ファールラインを越えていないのにファール判定機が作動をしてブザーが鳴る場合があります。その際は、その場から足を動かさずにアピールし、審判にファールをしていないことを確認してもらいます。確認前に動いてしまった場合はファールとみなされます。

物を落とす

投球中、ワッペンなど身につけていたものがレーンに落ちることがあります。落としたことをきちんとアピールしてから拾わないと、ファールになります。その場で手を上げ、同じボックスのプレーヤーに確認してもらってから拾います。ファールの判定は、次の投球者が投球動作に入るまで有効です。

アピールせずに落としたものを拾ってしまうとファールになるので注意

ガターから跳ね返ったボール

いったんガターに落ちたボールが、跳ね返って再びレーンに戻りピンを倒しても、得点にカウントされません。

投球妨害

投球中にフラッシュをたかれたり、大きな音を鳴らされたりした際は、投球妨害をアピールすれば投げなおすことができます。

マシンタッチ

投球後、揺れて倒れそうなピンを、マシンが触れて倒した場合をマシンタッチといいます。マシンタッチで倒れたピンは立てなおしになります。

わざとファールをする

ストライクの後、取れる可能性の低いスプリットが出てしまったため、わざとファールラインを踏むなど、自分が有利になるように故意にファールを行なうと失格になります。

途中で投球をやめる

アプローチのタイミングが合わず、途中で投球を中止するのは問題ありません。ボールさえ放さなければ、ファールラインを越えてもファールにはなりません。ただし、何度も繰り返すと周囲のプレーヤーに迷惑になりますので、気をつけましょう。

Check!

カウントされないピン

ガターに落ちてから跳ね返ってきたボール、レーンの後ろのクッションから跳ね返ってきたボールなどがピンを倒しても得点になりません。また、マシンタッチでピンを倒した場合や、倒れたピンが跳ね返って再び立ってしまった場合なども得点にカウントされません

試合を経験

リーグ戦に出る

ボウリングをより楽しもうと思ったらリーグ戦がおすすめ。ボウリング=リーグ戦といわれるほど、ボウリングの持つ本質的な魅力がリーグ戦には詰まっています。

リーグ戦とは

ボウリング場が主催する一般的なトーナメント戦は、3ゲームから6ゲームぐらいを投げてスコアを競い合います。これに対し、リーグ戦は毎週同じ仲間が集まり、対戦形式で3ゲームもしくは4ゲームほど投げます。対戦相手との勝ち負けでポイントがつき、リーグスケジュールに基づいて数ヵ月間楽しむわけです。

気の合う仲間と、リーグ戦の成績やアベレージなど、共通話題で盛り上がりながらプレーできるのが、リーグ戦のいいところ。ぜひ参加して、ボウリングを楽しみながらレベルアップしましょう。また、トーナメントと違って、長期間に渡りアベレージ管理ができるため、実力を正しく把握することもできます。

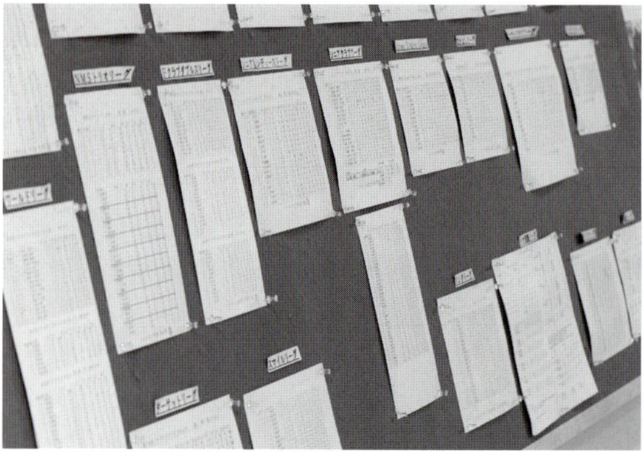

その種類はさまざま

リーグ戦には、個人戦とチーム戦があり、ポイントのつけ方や表彰内容などバリエーションがさまざま。アベレージからハンディキャップを算出して行なわれるので、誰にでも平等にチャンスがあるのもうれしいところ

大きな舞台で戦う

ボウリング場主催のトーナメントやリーグ戦で実力をつけて、さらに上のレベルを目指したい人は、より本格的なトーナメント戦にチャレンジしてみましょう。

プロトーナメントに参加する

プロのオープントーナメントは、アマチュアでも参加することができます。通常のオープントーナメントは、アマチュア予選を通過した選手だけが本大会に出場し、プロボウラーと同じ舞台で戦うことができます。しかし、大会によってはエントリーすれば、本大会に参加できるものもあるようです。

実際に参加してプロと一緒にプレーするのはとても勉強になります。ライン取りやボール選択などのアジャスティングを間近で見ることができるからです。同じレーンでプレーすることで、今まで気づかなかった新たな発見があり、すべてがいい体験です。

プロのプレーは見ているだけでもいい勉強になる

アマチュア団体に所属する

JBC（財団法人全日本ボウリング協会）や、NBF（日本ボウラーズ連盟）のようなボウリング団体では、全国規模の大会もあり、プロのトーナメントとは違った魅力があります。プロトーナメントは個人戦がほとんどですが、アマチュアの大会はチーム戦が多く、チーム戦ならではのプレッシャーやおもしろみが味わえます。アマチュアとはいっても全国大会のレベルはかなり高く、県内予選などの試合で好成績を残さなければ出場できません。また、JBCでは、ナショナルチームといわれる日本代表メンバーがいて、国際大会でも戦っています。日の丸を背負って世界レベルの試合を経験できることはとても誇らしく、ナショナルメンバーを目指すボウラーも数多くいます。

プロになるために

プロボウラーになるには、プロテストに合格してライセンスを取得することが必須。プロテストは、年1回、3月から4月にかけて開催されています。

受験資格

プロテストは満16歳以上から受験でき、団体在籍5年以上のプロボウラー2名の推薦が必要です。推薦条件として、男子は190以上、女子は180以上のアベレージを有すると認められなければいけません。

なお、試験は第3次テストまであり、1次・2次テストが実技、3次テストが筆記と面接です。

1次テスト

1次テストは、4日連続で男子は1日15ゲーム（合計60ゲーム）、女子は1日12ゲーム（合計48ゲーム）を行ないます。1ゲームごとにレーンを移動。男子は200アベレージ以上、女子は190アベレージ以上で合格です。

ただし、1日目、2日目の2日間の合計が、男子は30ゲームのアベレージが190（5700ピン）、女子は24ゲームのアベレージが180（4320ピン）に満たなければ3日目に進めず、不合格になります。

2次テスト

2次テストも4日間あり、男子は1日15ゲーム（合計60ゲーム）でアベレージが200以上、女子は1日12ゲーム（合計48ゲーム）でアベレージが190以上で合格と流れは同じです。

ただし、2次テストは間隔をあけて実施されます。1次テストのトータルピンは持ち越さず、また、2日目で不合格になることもありません。

3次テスト

1次・2次の実技試験に合格したら、プロ協会入会時研修を受け、その後に筆記・面接試験を受けます。筆記テストは一般常識を含む、プロボウラーとして必要な知識が出題され、200満点中150点以上取れば合格です。

テストや研修期間中に遅刻をするなど、著しく態度が悪い場合は失格になります。

プロテストは第3次テストまであり、筆記テストも実施。
ボウリングの能力だけでなく、専門知識の勉強も必要

プロになったら

プロテストに合格したら、晴れてプロボウラーの仲間入りです。JPBA（社団法人日本プロボウリング協会）の赤いワッペンを左胸に付けて、プロ活動を行なうことができます。1番のメリットは、プロトーナメントで賞金をもらえることでしょう。これがプロとアマチュアの大きな違いです。

トーナメント賞金以外にも、チャレンジマッチを受けたり、スポンサーがついたりと、いろいろなメリットがあります。

ワッペンの重みを感じ、プロとしての自覚と責任をもって行動しましょう。

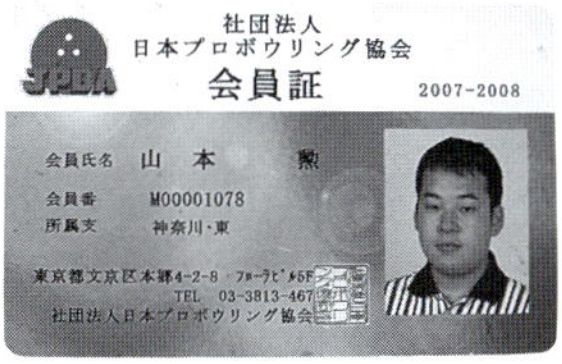

プロテストに合格すると、ライセンスがもらえます

トーナメントに参加して、高額賞金を獲得!

POINT メンタルの強さが一流の秘訣

スポーツでは、「ゾーンでプレー」するという、メンタルテクニックがあります。「ゾーン」とは、プレーヤーが最高のプレーをしているときの心理状態。闘志に溢れ、なおかつ冷静、自信もみなぎり、すべてがプラス思考の状態です。メンタルを鍛えると、プレー中、意図的にこの状態を作れるようになります。気おくれしてしまったらテンションをあげ、緊張や興奮してしまったらリラックス。プレッシャーをはねのけ、意図的に自分の精神をゾーンに入れることができてこそ、一流の選手になれるのです。

スコアのつけ方

ボウリングはスコアを競うスポーツです。スコアの計算方法がわからなければ、おもしろさも半減してしまいます。倒したピンの数を加算するのが基本的な計算方法ですが、スペアやストライクを取るとボーナス得点がつきます。

倒したピンがそのまま点数になる

ボウリングは10フレームで1ゲームです。各フレームで獲得した点数の合計が1ゲームの得点になります。倒したピンを加算していくのが基本ですが、スペアやストライクを取るとボーナス得点がつきます。

最近は、ほとんどのボウリング場がコンピュータでスコアの計算してくれますが、高得点を取るノウハウを身につけるためにも計算方法は覚えておきましょう。

画面の表示もいろいろ

スペアやストライクのボーナス得点もコンピュータが計算し、画面に表示してくれます

最高スコアは300点

10フレームまですべてストライクを取るとパーフェクト・ゲーム。最高得点の300点になります

スコアの記号

G

ガター

1投目でボールがそれて、両サイドのいずれかの溝に落ちるとガターです。2投目にガターになってもこのマークはつかず、ミスのマークがつきます。どちらも得点は0点です。

–

ミス

2投目でピンを1本も倒せなかった場合、ミスのマークがつきます。また、2投目でスペアを取れなかった場合もミスと呼びますが、1本でもピンが倒れていればこのマークはつきません。

スペア

2投目で残ったピンをすべて倒すとスペアです。スペアを取ると次のフレームの1投目の得点がボーナス得点として加算されます。

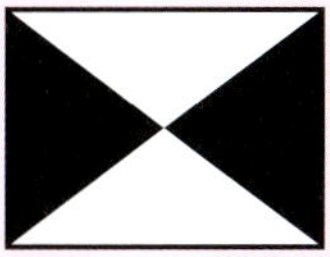

ストライク

1投目でピンを10本すべて倒すとストライクです。ストライクを取ると、次の2投目までがボーナス得点として加算されます。

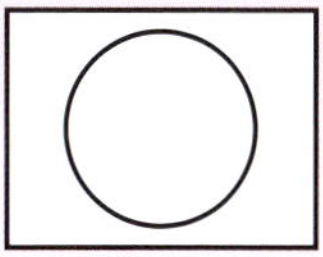

スプリット

1投目で残った複数のピンの間隔が、ピン1本以上間隔が空いている状態がスプリットです。ただし、1番ピンが残っていればスプリットになりません。スプリットの場合、倒したピンの本数が○で囲まれます。

F

ファール

ファールラインを踏んでしまった場合にこのマークがつきます。ファールの場合はピンが倒れても0点です。

スペアの計算方法

スペアはボーナス得点がつく

スペアを取ると、ボーナス得点がつきます。計算方法は、倒した10本に、次のフレームの1投目の得点をプラスします。下のイラスト例のように、4フレームでスペアを取った場合、倒した10本に、5フレームの1投目の5点をボーナスとしてプラスして、スペアを取った4フレーム目に加算されます。つまり、3フレームの得点＋4フレーム目に倒した10本＋5フレーム目の1投目が得点です。

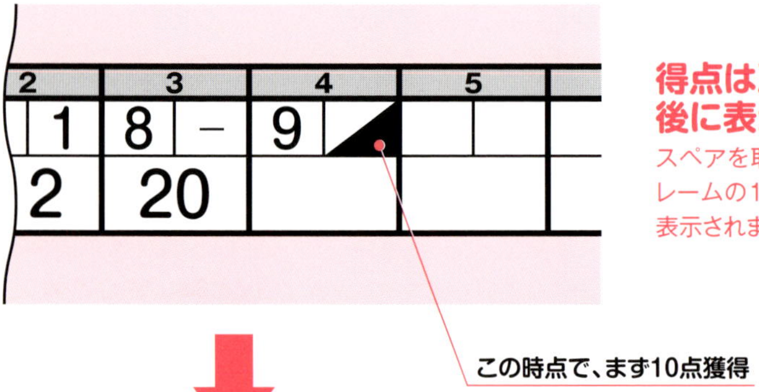

得点は次の投球の後に表示

スペアを取ったフレームは、次のフレームの1投目が終わるまで得点は表示されません

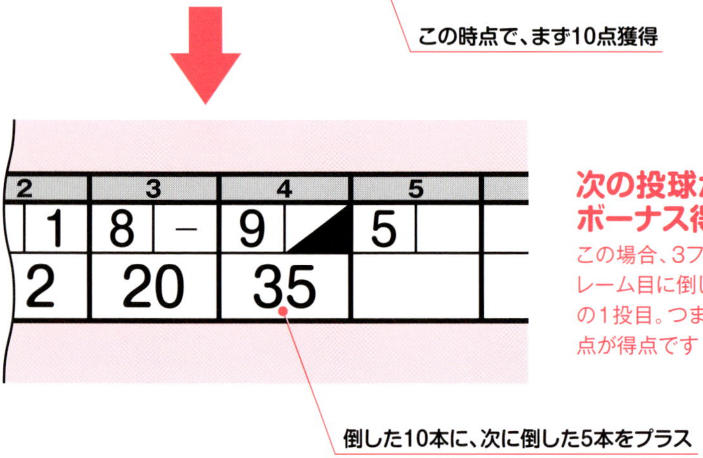

次の投球がボーナス得点

この場合、3フレーム目の得点+4フレーム目に倒した10本+5フレームの1投目。つまり、20+10+5=35点が得点です

ストライクの計算

ストライクは次の2球がボーナス得点

ストライクを取った場合、倒した10本に、次に投球する2投目までの得点がボーナスとしてプラスされます。

下のイラスト例のように、続けてスペアやストライクを取っても2投目までの得点をプラスする考えは同じ。一見、難しそうに感じますが、フレームに関係なく1球、2球と投げた回数で考えれば計算も簡単です。

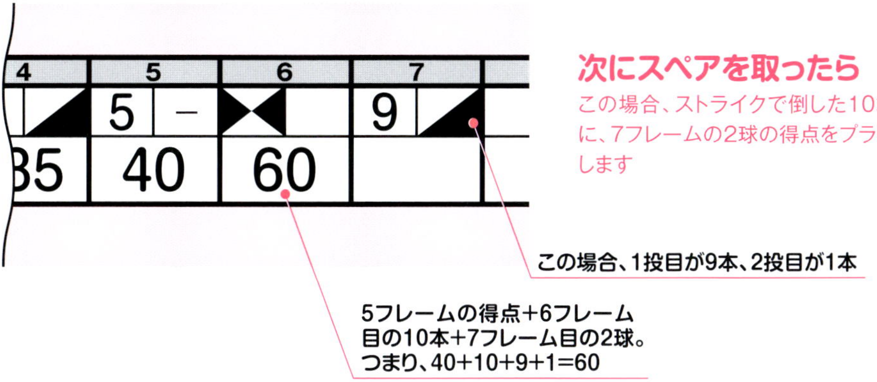

4
5
6
7
5
–
9
35
40
60
この場合、1投目が9本、2投目が1本
5フレームの得点+6フレーム目の10本+7フレーム目の2球。
つまり、40+10+9+1=60

次にスペアを取ったら

この場合、ストライクで倒した10本に、7フレームの2球の得点をプラスします

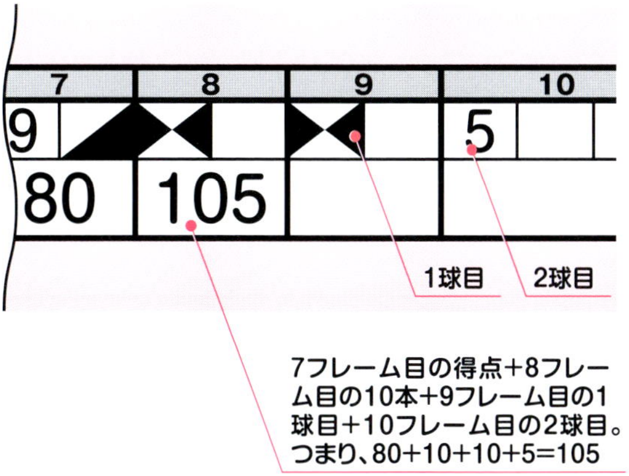

7
8
9
10
9
5
80
105
1球目
2球目
7フレーム目の得点+8フレーム目の10本+9フレーム目の1球目+10フレーム目の2球目。
つまり、80+10+10+5=105

ダブルの場合

ストライクを2連続で取ることをダブルといいます。ダブルの場合も、2投目までの投球をプラスする考えは同じです。この場合は、9フレームが1投目、10フレームの最初の投球が2投目と数えます

10フレームの計算

ミスしたら2投目でおしまい

10フレームは、3投目まで投げられる特別なフレームです。しかし、1投目でピンが残り、2投目でスペアが取れなければ、そこでゲームは終了。10フレームで3投目まで投げられれば、さらに得点をのばすチャンスです。確実にピンを狙い、3球投げられるようがんばりましょう。

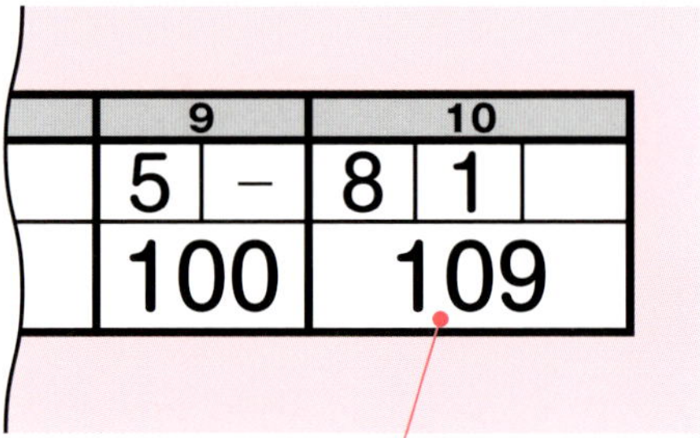

9フレームの得点+10フレーム目の2球。つまり、100+8+1=109

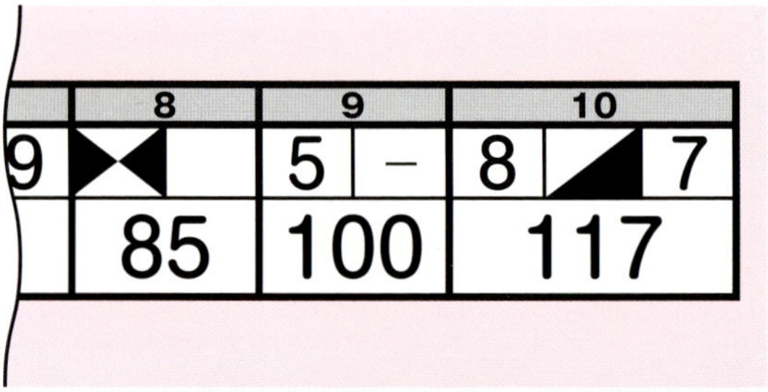

3投目が投げられる場合

1投目でピンを残しても、2投目ですべてのピンを倒せば3投目が投げられます。または、1投目でストライクを取れば、2投目でピンを残しても3投目が投げられます

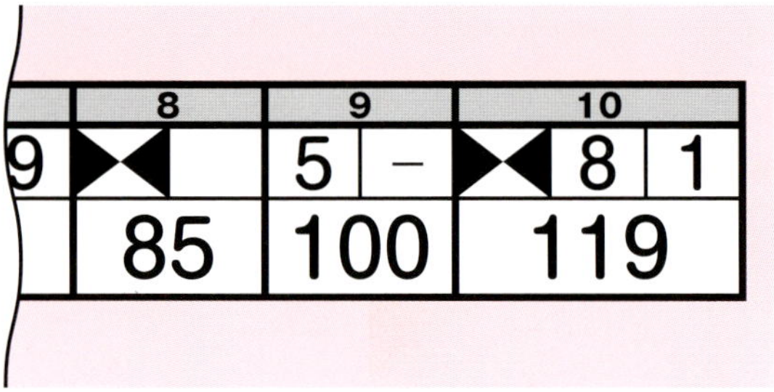

ダブルとターキー

ダブルの場合

ストライクを2回続けて取るダブルの場合、通常、ストライクはボーナス得点がつきますが、10フレームでは普通に10本ずつ加算していきます。左のイラスト例の場合、9フレームの得点に10フレームの合計得点をプラス。つまり、100+10+10+5=125点

10フレームは、最後の1投まで集中力を切らさずに投げ、できれば3球ともストライクを取りたいところ

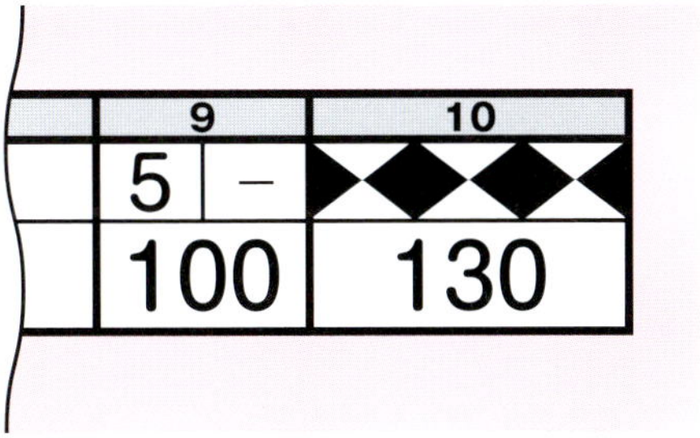

ターキーの場合

ストライクが3回続けて取ることをターキーといいます。こちらも10フレームの場合、ボーナスはなく、9フレームの得点に10本ずつ加算していきます。イラスト例の場合、100+10+10+10=130点

10フレームでターキーを取ることを、パンチアウトと呼びます。ボーナス得点はつかないものの、ハイスコアにつながるので、3球すべて倒せるようにがんばりましょう

ボウリング用語

【ア】

RG（アールジー）
回転半径、ボールの転がりやすさを表します

アクシスチルト
回転軸の水平ラインに対する角度

アクシスローテーション
回転軸を真上から見た角度

アジャスト
投球方法を調整すること

厚い
投球で、ピンの正面近くにボールが当たること

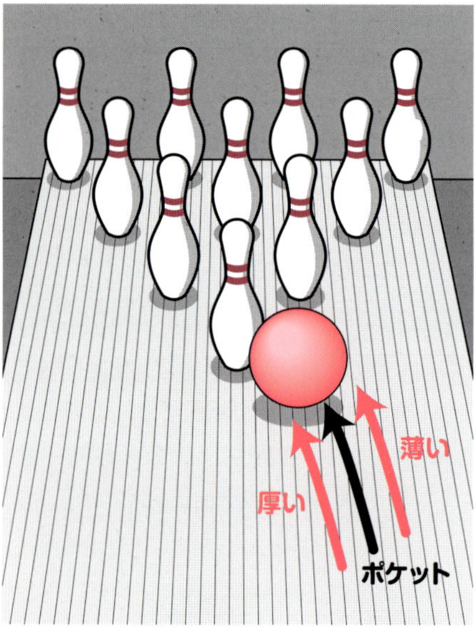

アドレス
投球のいちばん最初の構え

アプローチ
助走するエリア。投球時の足の動きのことも指します

アベレージ
平均点。実力を評価する公平な数字

板目
レーンの板。全部で39枚あり、端から1枚目、2枚目と数えます。中央のスパットが20枚目

ウエイトバランス
ボールの重さのバランスのこと。グリップセンターを中心に左右の差がサイドウエイト

薄い
投球で、ピンの端のほうへボールがヒットすること

オイル
レーン上に塗ってある油のこと

オープンバック
バックスイングで肩を大きく開いて投げる投球スタイル

遅いレーン
オイルの塗ってあるゾーンが短かったり、薄かったりするレーン。ボールが曲がりすぎるレーンコンディション

オフセット
ピンの正確な位置よりもずれて立つこと。またボールのドリル時に中心をずらすときにもいいます

【カ】

ガイド
レーンまたはアプローチ上にある丸い印。ドットとも呼びます

ガター
レーンの両端の溝、またはその溝にボールが落ちること

カップリスト

投球時にボールを抱えるように、手首を内側へ曲げた形

カバーボール
スペアを取るために使用する、曲がりの少ないボール

キーピン
複数のピンが並んでいるときのいちばん前方(手前)に立っているピン

キックバック
ピンデッキ(ピンが並んでいるところ)の両サイドの壁。またはピンがその壁に当たって跳ね返り、他のピンを倒すこと

クッション
レーン奥のマット。ピットマットともいいます

クラウチング
アドレス時にボールを低く構える投球スタイル

クラウンレーン
レーンコンディションでのことで、オイルが中央部分に多く、両サイドにいくにしたがって少なくなるカマボコ型の状態

クロス
ボールでピンを狙うとき、まっすぐではなくアウトサイドから内側へ攻めるライン

コア
ボールのウエイトブロックのこと。中球、芯材ともいいます

コンベンショナル・グリップ
ボールのグリップ方法のひとつで、中指と薬指を第2関節まで入れて握ります

【サ】

サービスフレーム
10フレームの3投目のこと。10フレームで、スペアかストライクを出した場合に投球できます

サムホール
ボールの親指の穴のこと

サンディング
ボールの表面をザラザラに仕上げること

CG(シージー)
ボールの重さの中心のこと。ボールを水に浮かべたとき、真下にきます

スキッドゾーン
レーン上で、ボールがオイルで滑って進むエリア。フックゾーンの手前のあたり

スコア
ボウリングの点数のこと

スタンス
アドレスを構えたときの足の位置

スタンディング
リーグ戦の成績表のこと

スタンディング・ドット
アプローチ上にある、1番手前と手前から2番目のガイド。立ち位置の目印になります

ストライク
1投目でピンを10本すべて倒すこと

ストレートボール
ボールをまっすぐ投げること。またはレーンをまっすぐ進む球質

スパット
レーン上にある三角形の印

スパン
フィンガーホールとサムホールの間の長さ

ボウリング用語

スピナー
ローリングトラックの直径が小さな球質。アクシスチルトが大きくなります

スプリット
ヘッドピンが倒れた状態で、残った複数のピンの間隔が1本以上空いている状態

スペア
1投目で残したピンを、2投目ですべて倒すこと

スライディングヒンジ
アドレスからヒジを前にスライドさせ、体から離れたところでヒジをヒンジ（蝶番《ちょうつがい》）のように動かしてダウンスイングに移行するプッシュアウェイ

スライド
投球の際、最終ステップで足を滑らせること

セミフィンガー・グリップ
フィンガー（中指、薬指）に第1関節と第2関節の間まで入れて、グリップする握り方。コンベンショナル・グリップとフィンガー・グリップの中間のグリップ

セミロール
ローリングトラックの直径が、スピナーとフルロールの中間の大きさになる球質

【タ】

ターキー
ストライクを3回続けて取ること

ダウンスイング
投球フォームでプッシュアウェイからバックスイングまでの腕の動き。プッシュアウェイが終わってから、ボールが体の横を通過するあたり

タップ
ボールがポケットをヒットしたにも関わらず、ピンが1本残ってしまった状態

ダブル
ストライクを2回続けて取ること

⊿RG（デルタアールジー）
回転半径差異のこと。ウエイトブロックの、縦に長い軸と、その軸と垂直の軸の回転半径の差で、⊿RGが大きいとフレアーポテンシャルが大きくなります

テンピンアングル
10番ピンを狙うラインのこと

テンフレーム
10フレーム目のこと

トーナメント戦
1日あるいは数日で終わるボウリングの大会。または、トータルピン方式、ラウンドロビン方式に対して勝ち上がりの方式の試合のことを指す場合もあります

ドリル
ボールに穴をあけること

【ナ】

ノースライド
最終ステップでカカトから入り、足をスライドさせないで投げる投球方法

【ハ】

パーフェクト・ゲーム
1フレームから10フレームまで12投ストライクを続けること。合計得点は300点

ハウスボール
ボウリング場で準備されたボール

バケット
残りピンが2-4-5-8番、3-5-6-9番の状態

バックアップボール
フックボールの反対に曲がる球質のこと

バックスイング
投球で、ダウンスイングの後のスイング。ボールが体の横を通過し、トップまで上がるまでの動作

速いレーン
レーンでオイルが塗ってあるゾーンが長かったり、多かったりする状態。ボールが曲がらないレーンコンディション

PAP（ピーエーピー）
ポジティブ・アクシス・ポイントの略。投球直後のプレーヤー側から見た回転軸の位置

ピッチ
ボールをドリルするときの指穴の角度

ピンアクション
ボールがヒットしたときのピンの動き。ピン同士がぶつかって動く状態のことも含まれます

ピンスポット
ピンが配置されている位置を示すもの

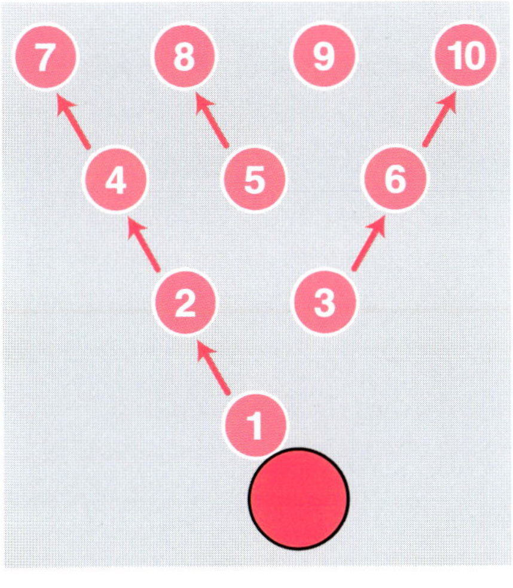

ファール
投球時にファールラインを越えてしまうこと。ただし、ボールを放さなければファールラインを越えてもファールになりません

ファールライン
レーンとアプローチの境目にあるライン

フィンガー・グリップ
ボールの、フィンガー（中指と薬指）の指穴に入れるゴム製のグリップ。回転が与えやすくなり、ホールサイズを変えることができます。また、中指・薬指の第1関接まで入れて握るグリップのことも指します

フィンガーホール
ボールの指穴。通常、中指と薬指の指穴のこと

フォロースルー
リリース後の、腕を振り切る動作

フォワードスイング
投球フォームで、バックスイングのトップからリリースまでの間

フックゾーン
フック（回転）をかけて投球したボールが、スキッドゾーンを過ぎて曲がりはじめてからロールゾーンに入るまでのエリアのこと

フックボール
右投げなら左へ、左投げなら右へ曲がる投球方法。またはその軌道を描くボールのこと

プッシュアウェイ
スイングをはじめる動作のことで、ボールを構えた状態からヒジをのばすまで

フルロール
ローリングトラックがフィンガーホールとサムホールの間を通る球質。トラック直径が最も大きい

ボウリング用語

フレアー

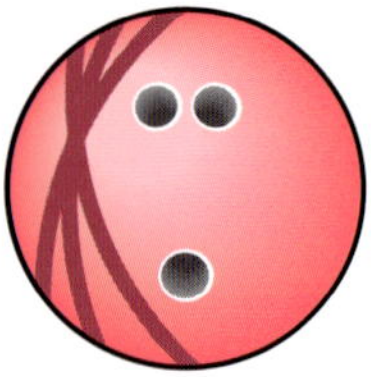

ボールにつくローリングトラックの広がり具合。⊿RGやコアアクシスアングルでフレアーの具合が変わってきます

フレーム

1ゲームを構成する10回に分けた枠

ブロークンリスト

投球時に、外側に曲げた手首の形

ポケット

ボールが当たるとストライクが狙えるポイント。右投げなら1番、3番ピンの間、左投げなら1番、2番ピンの間

ポリッシュ

ボールの表面を光らせること。またはその加工

ベビースプリット

正面から見たときに、ピンとピンの間がピン1本分だけ開いたスプリット

【マ】

マイシューズ

自分専用のボウリングシューズ

マイボール

自分専用のボウリングボール

マスバイアス

ボールのウエイトブロックが左右非対称で偏っているもの

ミス

2投目でピンを1本も倒せないときスコアに表示されるマーク。ひとつのフレームで2回投球し、10本のピンを全部倒せなかった場合もミスといいます（ルールブックではエラー）

【ラ】

リーグ戦

定められたスケジュールに基づき、4つ以上のチーム、もしくは4人以上の個人が直接対決して行なうアメリカン式のテンピンボウリングの試合

リスタイ

投球の安定や回転数を上げるために、手首の部分に装着するアイテム

リリース

投球時のボールを離す動作

レーン

ボールを投げるゾーンのことで、ファールラインからテールプランク（レーンのいちばん奥）を指します。ファールラインから1番ピンまでの距離は60フィート（18.288m）

レーンコンディション

広義では板の状態を含めたレーンの状態。通常はオイルの状態を指します

ローダウン

曲げたヒジや手首を伸ばす力を使い、高速回転を生み出す投球方法

ローリングタイプ

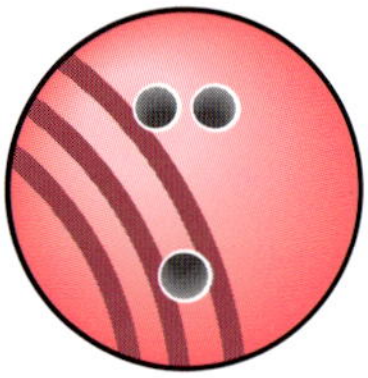

ボールに現れる、オイルの帯の状態。ボールの回転軌道によって形状が変わります

ロールゾーン

レーンを進むボールがフックゾーンを過ぎ、ボールの回転方向に向かって進行しはじめるエリア

ロフトボール

ボールを山なりに投げること。レーンを傷めたり、着地時に大きな音がするマナー違反行為

レーンの名称

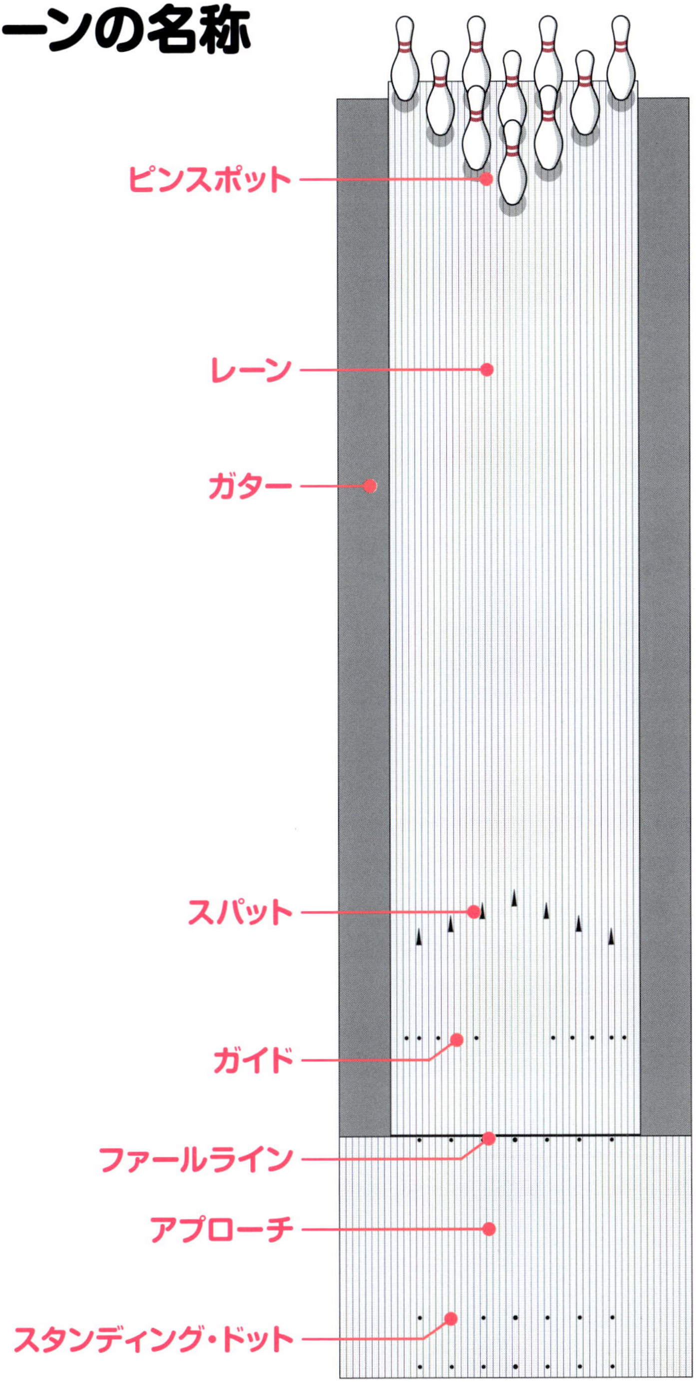

ピンスポット
レーン
ガター
スパット
ガイド
ファールライン
アプローチ
スタンディング・ドット

あとがき

最近、ボウリングに親しむ人が増えるにつれ、ボウラーのレベルも高くなってきています。これまであった多くの本が初心者を対象としたものがほとんどだったため、よりランクアップした内容の本はないものかと考えていました。

そこで本書では、中・上級者向けのハウツーもたくさん取り上げることにしました。難しい内容も多々あったと思います。しかし、いずれも、ある程度のレベルに達した人には知っておいてほしい知識として紹介しています。

日本のボウリングレベルは、世界的に見ても上位にあると思います。しかしながら、最高峰レベルのPBA（アメリカのプロ団体）と比べると、まだまだ見劣りしてしまいます。PBAのトッププロに、PBAと日本のボウラーの違いを聞いてみると、パワーや技術のほかに「知識の違い」を上げる人が多いそうです。「日本のボウラーはまだまだ勉強がたりない」とのこと。

確かに今、日本でもっとも活躍している山本勲プロは、ジュニア時代から本書で紹介した理論や新しい情報があたりまえの環境でボウリングをしていました。知識は力になることを実証したボウラーといえるでしょう。

ボウリングがメジャーになるためには、世界的に活躍するスターが必要です。その土壌を作るためにも、本書で紹介した知識が「難しい内容」ではなく、中・上級者のスタンダードとなることを願っています。

矢野金太（プロボウラー）

監修

矢野金太

（やの きんた）

1964年生まれ、神奈川県出身。1991年にプロ入り（30期生）し、2001年にインストラクター最高位のJPBA公認A級を取得。ボウリングの名門、県立釜利谷高等学校の専属コーチを務め、全国大会優勝など好成績を残す。ジュニアの育成にも従事し、山本勲プロなど何人ものプロボウラー、JBCナショナルメンバーを輩出。新杉田ボウル場内にある「プロショップKINTA」の代表。また、「ボウリングコミュニティサイトBowling Town」を運営。
www.bowling-town.com/

モデル

姫路 麗

（ひめじ うらら）

1978年生まれ、大阪府出身。JPBA33期生。2000年プロ入りし、女子新人戦で10位と好成績を残す。2007年軽井沢プリンスカップ3位、Pリーグ第7戦優勝、彦根プリンスカップ優勝。フタバボウル専属。（株）アメリカンボウリングサービスと用品契約する人気プロボウラー。
公式サイト
www.futababowl.jp/himeji/
フタバボウル
www.futababowl.jp/

モデル

山下昌吾

（やました しょうご）

1983年生まれ、神奈川県出身。2005年プロ入りした若手ボウラーで、高速回転ボールを得意とする。湘南とうきゅうボウル所属。

取材協力

新杉田ボウル

神奈川県横浜市磯子区中原2-3-22　TEL：045-773-1111
URL：www.princehotels.co.jp/bowling/shinsugita

株式会社アメリカンボウリングサービス

URL：www.absbowling.co.jp/

ABS

STAFF
取材／構成　くりやまちほ
撮影　渡辺智宏
本文デザイン　青木勝弥、原田　篤（スパイスデザインオフィス）
カバーデザイン　坂井栄一（坂井図案室）
イラスト　岡本倫幸
編集　神野哲也

劇的《げきてき》にスコアがのびる!

ボウリング絶対上達《ぜったいじょうたつ》

2008年2月12日　初版第1刷発行
2014年5月23日　初版第8刷発行

監　修　矢野金太《やのきんた》
発行者　村山秀夫
発行所　実業之日本社
〒104-8233
東京都中央区京橋3-7-5 京橋スクエア
電　話　03-3562-4041（編集）
03-3535-4441（販売）
実業之日本社ホームページ　http://www.j-n.co.jp/
印刷所　大日本印刷株式会社
製　本　株式会社ブックアート

ISBN978-4-408-61186-0